おれ　にんげんたち

デルスー・ウザラーはどこに

岡本　武司

ナカニシヤ出版

ウラジボストクから北東100kmのタイガを訪ねた著者
この辺りでデルス・ウザラーはアルセニエフと出会った。ウスリー河の水源地帯で，水はアムール川を通って，はるか間宮海峡に注ぐ

黒澤明監督の映画では，ここでデルスーの筏が
バラバラになった激流のシーンを撮った

フタラヤ・レーチカにある政治犯収容所の記念碑の前で取材する著者。ソ連全体から集められた無実の人たちは，ここからマガシダン地方に送られたという

「海の墓地」にあるアルセニエフの墓。タイガに眠るという願いは果たされなかった

はじめに

地図というものは刺激的だ。それは時間と空間を映像化させる力を持っている。私にとって極東ロシアの沿海州は特にそうだ。そこはアジアの辺境でありながら、同時にヨーロッパの末端だ。無人の山が連なり、道路も鉄道もない海岸に集落が点在する。そしていまだに野生のトラやヒョウが住んでいる。

その地に百年ほど前、デルスー・ウザラーという謙虚な先住民の猟師がいた。彼は追尾するトラに向かって「怒るな。すまん」と語りかけて、退散させた。感動したロシア人の探検隊長は美しい記録文学に彼の姿を留めた。感動の連鎖は、それから六十年後にも及び、黒澤明監督はこの老猟師の姿を抒情的な映画にした。

沿海州には今も同様な人物がいるのでないか、もし会えれば、この人間と自然の秩序が失われた時代に、救済の糸口となるのではないか——と思い立って現地に住んでみた。そして数人のデルスー的人物と会えた。

だが百年も前の極東の森に住み、読み書きもできない老猟師が、どうしてこれほど知的でありえたのか——と考えながら資料を読むと、物語と事実の間にかなりの相違があることに気づいた。物語の重要な構成要素の中に、探検隊長のアルセニエフが創作したものもあるのだ。

「ひょっとするとデルスーは実在しなかったかもしれない」という疑問を出発点にして調べ返したところ、結論は「やはりデルスーはいた」。沿海州の人たちは、創作も加わっていることを承知の上で彼を愛し尊敬している。そういう意味で彼は実在する。

第一章は物語の中のデルスーを紹介した。第二章は記録、特にアルセニエフの探検日誌を中心に追った。第三章はデルスー的世界と、そこに生きる人たちの報告だ。最後の第四章では、デルスーを失ってからのアルセニエフの人生と、家族の驚くべき悲運を付け加えた。取材した人の年齢は二〇〇一～〇二年当時のものである。

なお日本では「沿海州はシベリアの一部」と考えられているが、シベリアとはウラル山脈からバイカル湖までである。この際、これを正したく、例えばシベリアトラはアムールトラとした。また長谷川四郎氏の先訳では老猟師は「デルスウ・ウザーラ」と呼ばれ、映画の題名は「デルス・ウザーラ」となっているが、現地に従い「デルスー・ウザラー」とした。「ナナイ人のウザラー部族に属するデルスー」という意味であり、ウザラーは一個人の呼び名ではない。またナナイ人は自分たちを「ゴリド人」と名乗り、ロシア人はゴリド人を「ナナイ人」と呼ぶ。表記もそれに従ったが、二つの呼称は同じ民族を意味する。

さらに『パ　ウスリースコム　クラユ』というアルセニエフの著作は、日本では『シベリア密林を行く』という題で出版されたが、先に述べたと同じ理由で、文中に言及する時は、原題に忠実に『ウスリー紀行』とした。

もくじ

＊アルセニエフとデルスー関係の本文写真は，下記の書から許可を得て転載した。

Vladimir K. Arseniev:
A Biography in Photographs and Eyewitness Accounts
Vladivostok, 1997 "USSURY" Publishing

Владимир Клавдиевич АРСЕНЬЕВ
Биография в фотографиях, воспоминаниях друзей, свидетельствах эпохи
Влаливосток, 1977 Иэдательство "УССУРИ"

第一章　物語のデルスー

三人のデルスーとアルセニエフ

ウラジーミル・クラウディエビッチ・アルセニエフ（一八七二―一九三〇）はロシアの探検家。デルスー・ウザラー（一八五〇ごろ―一九〇八）は、極東ロシアに住む先住民の猟師で探検の道案内人を務めた。

三人のデルスー、アルセニエフがいる。第一はアルセニエフ自身が書いた『ウスリー紀行』と『デルスー・ウザラー』という二つの物語の人物だ。第二は黒澤明監督が映画「デルス・ウザーラ」で映像化した二人だ。彼らを知る日本人のほとんどは、この中の探検隊長と道案内をもって彼らの実像と理解しているだろう。第三はアルセニエフの探検日誌の中に留められた「記録の中の二人」だ。

三人は基本的には同じだが、細部では著しく相違し、時には相容れない。

ウラジーミル・クラウディエビッチ・アルセニエフは一八七二年八月二十九日ペテルブルグの鉄道官吏の家に生まれた。父クラウディ・フョードロビッチは農奴の出身。独学で官に職を得た。養子一人を含めて十人の子を養ったという。

ウラジーミル少年は探検記や冒険小説を愛読した。一八九三年陸軍士官学校に入学。一時、工兵隊で研修を受けた。この体験が後に地形測量や遺跡発掘に役立った。九六年に卒業。ポーランドで軍務に就く。九七年、軍人の娘アンナ・コンスタンチノワと結婚。一九〇〇年、中尉に昇進し、希望してウラジボストクの要塞に転勤してきた。長男ウラジーミル・ウラジミーロビッチが生まれる。

ウラジボストクのある沿海州は大陸ロシアの最東南部にあたる。南は豆満江を挟んで朝鮮民主主義人民共和国（北朝鮮）と接し、北緯四二度一八分。北はサマルガ河の源流四八度二三分。日本の青森県からサハリン中部に相当する。西はウスリー河とハンカ湖を挟んで中国に接する。東は日本海。なお北のアムール河右岸は間宮海峡沿岸も含むハバロフスク州になっており沿海州ではない。

州の面積は十六万五千九百平方キロで、日本の四割強。二〇〇〇年の人口は二百十七万人。

陸軍士官学校時代のアルセニエフ

独身時代のアンナ・コンスタンチノワ

一平方キロの人口密度は一三・一人。極東ロシアの平均は一・一五人だから、飛び抜けて高い人口密集地域になっている。

ウラジボストクに着任したアルセニエフは二つの仕事に熱中する。まず周辺の遺跡と住民の調査、そして狩猟だ。

一九〇二年、要塞では猟師を集めて部隊を編成し、アルセニエフを指揮官に任命した。当時、日露関係は緊迫しており、地形を軍事防衛の見地から調べる必要があった。

仕事の内容は野山を歩き、見聞し、鳥獣は見つけ次第発砲するというような、かなり楽しいものだったろう。

ハバロフスクとウラジボストクを中心に発行される「ダリニー・ボストーク」という地域文化雑誌の一九八六年七月号に、女性民俗学者が、このころの出来事を書いている。当時、沿海州では山には中国人強盗集団「フンフーズ」、海には海賊が横行していた。アルセニエフがこの集団に捕まったというのだ。原文は以下のとおり。地理的位置の説明などは加筆した。

> アルセニエフと筆頭兵士のオレンチェフはその日、ウラジボストクから約五十キロ北東のウスリー湾の奥にあるタバイザ入江を訪れた。そこには小さい中国人の村があり、住民たちは

漁業と石灰焼成で暮らしていた。そこから五百米《メートル》余りの所に、柵でびっしりと囲われた大きな中国風の農家があった。もう夕方で雨がポツポツ降ってきた。

「ジャングィドー　カバカンガ」とアルセニエフは、棒で門を叩いて呼びかけた。「御主人、開けてくれ」という意味だ。長い間、待たされた。オレンチェフは我慢できず、腹を立てて喚いた。「すぐ開けろ。さもないと撃つぞ」

足音が聞こえ、門が開かれた。中庭には、三十頭ほどの馬と、数人の武装した中国人がいることに、二人はやっと気づいた。フンフーズの手に落ちたのだ。四人の中国人がオレンチェフに近づき銃を取り上げた。そして言った。

「親分が『入れ』と言っている」

入り口では別の中国人が、アルセニエフの肩から銃を外した。家の中には人が大勢いた。フンフーズたちは一段高い床に座って茶を飲み、熱あつのパンを食べていた。

隣の部屋には二人の中国人がいた。それぞれの特徴から、だれが頭目か、アルセニエフはすぐ見抜いた。男は三十五歳くらいで体格はよく、顔は精気に溢れていた。眼は大胆不敵で、額の前部はきれいに剃り上げていた。

彼は二人のロシア人に「何者か、何をしに来たのか」と質した。アルセニエフは名乗った。そして「ウスリー地方のあらゆる事を調査しており、特に民族と古代史の調査に関心を持っている」と答えた。

頭目は「何か食わないか」と尋ね、二人が頷いたのに応じて夕食を出すように命令した。

焼いた鶏肉、豚肉のペリメニ、熱い酒の入った銅製の銚子が食卓に出てきた。アルセニエフは中国語が少し分かり、頭目はロシア語が少し分かった。二人は互いに相手の言語で話し合った。

夕食の後は夜中まで「この地方に最初に定住したのはどの民族か」について論じ合った。その間にも天気は悪化し続けた。強風が吹き始め、激しい雨が降ってきた。

翌日、朝食の後もアルセニエフは頭目と同じテーマで議論した。そして午前十時ごろ、彼はこの新しい友人に「ぼつぼつ失礼する」と言った。無法者たちの親分は部下のフンフーズを呼んで言った。

「シコトボに行く径とバンバボーザに行く径の交わる所まで客人を送って行け」

そして付け加えた。

「銃は、そこで返せ。さもないと、この人たちは、『撃つぞ』と脅すから」

数分後、アルセニエフとオレンチェフは護送団の中にいた。小径の交わる所で山賊たちは、二人に銃を返して退いて行った。

アルセニエフたちは監禁を免れた幸運を天に感謝しながら、リャンチ河を目ざした。正に自分たちの生死決定の鍵を握った者から、結構な夕食でもてなされたのだ。

だが全てのフンフーズがこうとは限らない。チンピラ集団は、追い剥ぎや強盗どもの寄り集まりだ。彼らは、移動中に人に出会えば、老若男女の見境なく襲う。

元の資料は、アルセニエフが話したことを、だれかが書き留めたものらしい。銃を返す時の命令など面白く、できすぎと思える。柵の向こうに三十頭も馬がおれば、気付かぬはずがない。だが、話し手が聞き書きに目を通して、手を加えた跡もあり、これに近い体験があったに違いない。

この話から、アルセニエフの資質を読み取ることができる。まず彼は、他人をして自分を侮らせない存在感の持ち主だった。第二に人間観察が鋭く、判断を誤らなかった。第三に論議が大好きだったことだ。また調査といっても、小人数で自由気ままなものだったことも、うかがえる。

ただ一人の同行者で一緒につかまったポリカルプ・オレンチェフは正規兵ではないが、アルセニエフが最も信頼したロシア人猟師で、この後の探検にも隊員頭の形で同行する。アルセニエフは書く。

「優れた人物で、すばらしい猟師だ。当時は二十六歳。中背で体格もいい。がっちりした顔に、小さな口ひげがある。楽天家でわれわれが苦境に陥っても上機嫌を失わず『この境地も他よりまし、さらにどんどんよくなってゆく』と私に気付かせた」

では、アルセニエフとは、どんな人か。一九〇六年の探検の助手として参加したメルズリャコフという工兵少尉補が、初対面の印象を後年書いている。

「背が平均より高く、やせ気味の顔の人が立っていた。眼は深く、くぼみ、あごは尖って、きらめくような精神力を示していた。アルセニエフの決まり文句は『始めれば、半分やりとげたも同然』そして『朝は物を考えるのに最良の時間だ』。この人の我慢強さと仕事好きにはいつも圧倒された。難儀な山越えをして、さらにカやブヨに悩まされて、みんながバテきった時でも、この人は虫にたかられながら長い日記を書き、その日に起こったことを新鮮な印象のままに記録に留めた。アルセニエフとデルスーは、いつも先頭を行き、部隊は彼らの足跡をたどった」

『ウスリー紀行』によると、一九〇二年秋、アルセニエフの部隊はウスリー河水源地帯の調査をした。一行は兵士六人と荷馬四頭。ウラジボストク北東のシコトボ村からダージャンシャン山脈を越え、ハンカ湖まで間の小径を調べることが目的だった。

部隊はシコトボの東のペイチャ河に沿って山に入った。当時、ロシア移民たちは、この河を「ガラス谷」と呼んだ。この谷には中国人猟師の小屋があり、その窓の一枚にガラスが嵌っていた。この地方ではガラスは珍しかったため、この名が付いたという。二十世紀初めのこの地方の文明度と中国人の社会的位置付けを示す話だ。

今はウラジボストクからタイガを貫いてナホトカへの幹線道路が通じている。一分間に、二台、日本製の中古車が時速百キロ以上で疾走する危ない道だ。ステクリャヌーという河が

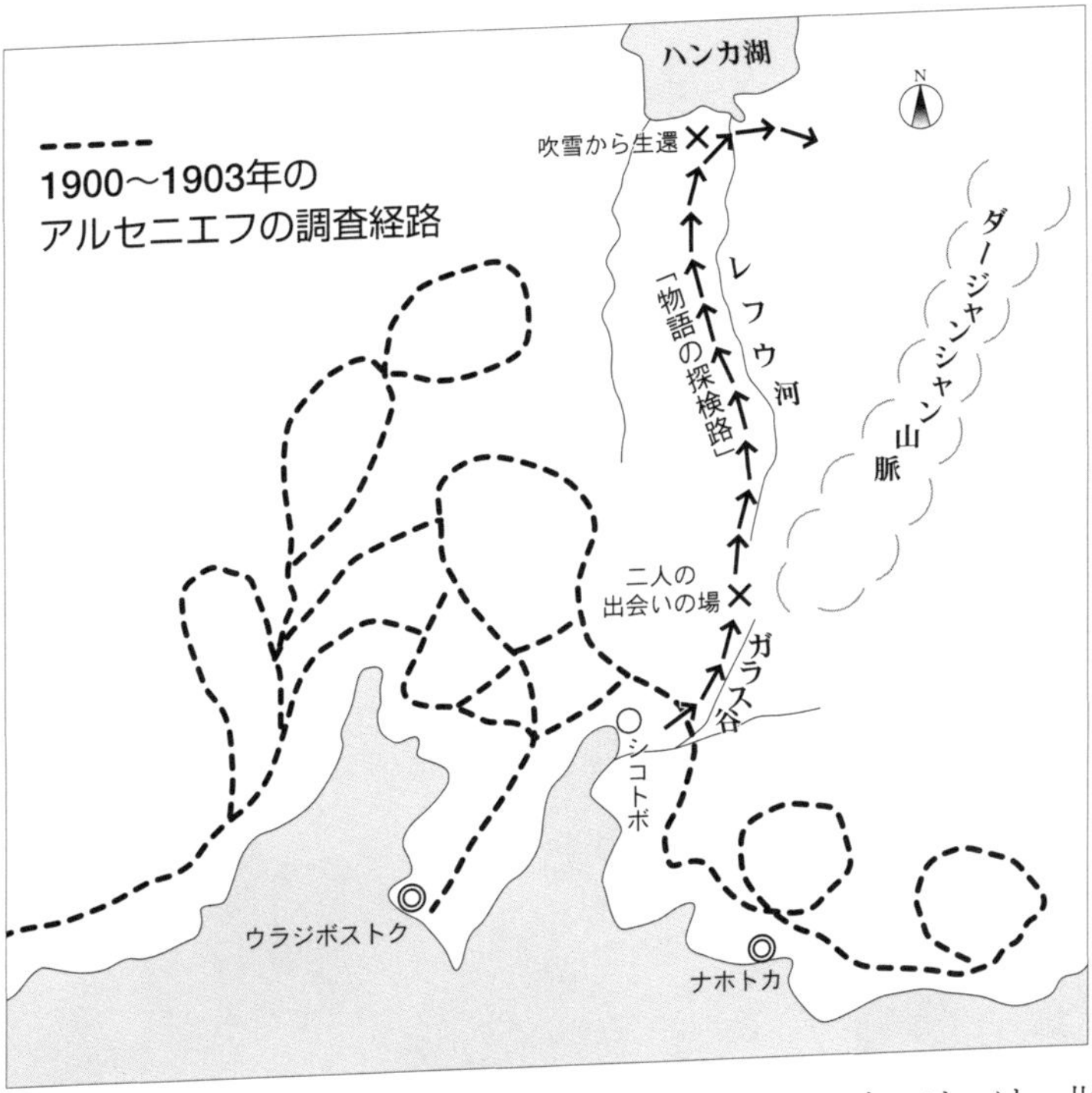

北から南に流れている。やはり「ガラス河」だ。川幅は約十メートル。深さは一メートル未満。水は澄んで冷たい。標高差二百～三百メートルの山が連なる。木は十～十五メートルの落葉樹だ。

　三日目の夕方、アルセニエフとオレンチェフは未知の動物を辛くも仕留める。極東の珍獣ヒョウだった。そして翌四日目、探検隊はダージャンシャン山脈の稜線にさしかかる。登りは急で荷馬はあえぎ倒れる。停止と休憩を繰り返し、稜線に達した。兵士たちは休み、馬は鞍を外されて草をはんだ。

そして再び前進。午後四時ごろ、何か木の株や苔むした岩などのある陰気な谷に着き、ここで野営をすると決めた。周りの風景はアルセニエフに、魔女たちが集まるドイツのワルプルギス山中を連想させた。兵士たちは気味悪さに耐えた。

デルスー・ウザラー登場

そして、その夜、それは起こった。デルスー・ウザラーが、われわれの世界に登場したのだ。

私はここで泊まる気はしなかったが、仕方なかった。たそがれは近づいており、急がねばならなかった。谷間の底では流れの音が騒がしかった。私はそっちへ進んで「テントを張れ」と命令した。森の荘厳な静けさを破って斧の音や人の声が轟いた。（略）

なんとかかんとか、われわれの野営も静けさを取り戻した。茶を飲んだ後は、めいめいの雑用に耽った。銃の手入れをしたり、鞍を調節したり、衣服を繕ったり。こういう仕事はいつもあるものだ。雑用が終わると隊員たちは寝た。互いにくっつき合って外套にくるまり、死人のように眠り込んだ。

森の中で餌を見つけられなかった馬たちは戻ってきて、頭を垂れて仮眠していた。起きているのは私とオレンチェフだけだった。私は歩いて来たルートを日誌に記しており、彼は靴を修理していた。十時ごろには私はノートを閉じ外套にくるまり、焚き火の傍に横になった。

突然、馬たちが頭を上げ、聞き耳を立てた。そして静まり、再び居眠り始めた。最初、われわれはこのことに特別な注意を払わず、会話を続けた。数分たった。私はオレンチェフに何か尋ね、答えを得られぬまま、彼の方を向いた。彼は立ち上がり、手をかざして焚き火の火を遮って、脇の方を見ていた。

「何かあったのか」と私はきいた。

「だれか、山から降りて来ます」と、彼は小声で答えた。

われわれは耳を澄ましてみた。が、周りは静かだった。それは、寒い秋の夜の森だけにある静寂の世界だった。と突然、上から岩の破片が降ってきた。

「クマらしい」とオレンチェフはいい、銃に弾を込めた。闇の中から声が聞こえたようだ。

「うつ　いかんぞ。オレ　にんげん」

数分後、焚き火へ向かって一人の人間が近づいてきた。この男は鹿のなめし革の上着を着て、同様のズボンを履いていた。頭には何かを巻きつけ、足には毛皮の半長靴を履いていた。大きい背負い袋を担い、手には銃架と長い旧式ベルダン銃を持っていた。

この訪問者は私を向き「こんにちはカピタン」といった。そして銃を木に立てかけ、背負い袋を降ろし、汗をかいた顔を上着の袖で拭って、火のそばに座った。今や、私は彼を子細

銃を持つデルス・ウザラー

に観察することができた。見たところ四十五歳くらいだった。背は高くない。ずんぐりしている。かなりの体力の持ち主らしい。胸は張り出し、腕は頑丈で筋力がありそう。足はややガニ股だった。

日焼けした顔は先住民の典型だった。突き出た頬骨。小さい鼻。まぶたにモンゴロイド独特のしわのある眼。丈夫な歯を持つ大きい口。薄茶色で小さめの耳は額を挟んでいる。そして赤っぽいひげが顎を飾っている。しかし何より目立つのは両眼だ。褐色ではなく濃い灰色で、落ち着き払って、無心に物を見ていた。また決断力、直截明快な人柄、善良な心が眼を貫いていた。

男は、われわれが彼をじろじろ見回すようには、われわれを見なかった。そして懐からたばこ入れを取り出して、たばこをきせるに詰め、黙ったまま吸い始めた。私は「だれなのだ」とは尋ねず、「ちょっと食べないか」と勧めた。こうするのがタイガの作法だ。

「カピタン　おれ　ものすごう　くいたい。おれ　きょう　くってない」と男はいった。

彼が食べている間、私は観察を続けた。ベルトには狩猟用ナイフを下げていた。明らかに彼は猟師だ。手はがさがさに荒れ、引っ掻き傷があった。さらに深い傷が顔にもあった。一つは額に、一つは耳に近い頬に。

この見知らぬ客は頭巾を脱いだ。彼の頭が薄茶色の濃密な髪で覆われていることに私は気付いた。髪は乱雑に伸び、垂れ下がり、端は長い房のようになっていた。客は無言だった。とうとうオレンチェフが我慢できなくなり、この変人にあけすけに尋ねた。

「君は何者だ！」

男は答えた。

「オレ　ゴリド人」

「君は猟師だな。そうだろう」と私もきいた。

「そう。オレ　いつも　猟ゆく。ほかに仕事ない。さかな取り　わからん。猟だけわかる」

「君はどこに住んでいる」とオレンチェフは問い詰めた。

「オレ　家ない。オレ　いつも　山くらす。火燃やす。テント張る。ねる。いつも猟ゆく。家で暮らすと同じ」

そして彼は語った。きょうはアカシカの猟をした。雌を撃ったが傷は浅かった。手負いの獣を追っていて、われわれの足跡に行き当たった。足跡をたどって彼は谷に入った。暗くなったころ、彼は焚き火の炎に気付き、真っすぐにやって来たのだ。

「オレ　そっと歩く。考える。どんなにんげん　山にずっと来るか。わかる。カピタンいる。コサックいる。オレ　そっちへ　さっといく」と男はいった。

「君の名前は何というのかね」と私はきいた。男は答えた。

「デルスー・ウザラー」

この人物は私の興味を引いた。彼の内部の何かが特別で独自のものだった。彼は率直に、そして物静かに話し、つつましさを失わなかった。私に取り入ろうとする気配がなかった。私たちは会話を続けた。

彼は長くかかって自分の人生を語った。彼が語るほどに、私は彼に共感させられた。私の前には、猟師というものの原型がいた。彼は全人生をタイガに過ごしてきて、都会の文明がもたらす害毒とは無縁なのだ。また、生活用品を銃で稼ぎ出していること、猟の成果をたばこや弾や火薬に換えていること、銃は父の形見であることなどが、彼の話から分かった。今、五十三歳であること、家というものをかつて持ったことがないこと、広天の下で終生暮らし、冬だけは白樺などの樹皮で一時しのぎの小屋をつくることなども、彼は語った。幼い日の思い出としてまず浮かぶのは川、掘立て小屋、火、父、母、そして姉だった。彼は「みんなむかし　死ぬ」と最後にいい、考え込んだ。そして続けた。

「むかし　おれに妻いた　息子も娘も。みんな天然痘にやられた。今おれだけ残る」

耐えしのいできた記憶のために、彼の顔は暗くなった。（略）

時は刻々進み、夜半もすでに遠く過ぎた。われわれ二人は焚き火の前に座り、話し続けた。デルスーが話し、私は楽しく聞いていた。彼は猟の話をし、ある時、フンフーズに捕まったが逃げ出したことも語った。またトラと出くわしたこと、だがトラは人間から朝鮮人参を守っているので撃ってはいけないこと――を物語った。森の悪しき霊魂や洪水などのことも話した。

カピタンとは先住民の役人や軍人に対する尊称だ。翌日、このナナイ人は一行の先頭に立って歩いた。地形は複雑だった。デルスーは、絶え間なく足元の地面を観察していた。時にはかがんで草を掻き分けた。そして立ち止まり語った。

これは人だけが通れる道で、それに沿ってクロテン捕りの罠があり、二、三日前に一人が通ったが、その者は絶対間違いなく中国人である――と。兵士たちは、この断定にびっくりするのみで信用しない。デルスーは苛立って叫ぶ。

「お前たち　なんで　これ分からん。自分で見ろ」

行進はこの判断の通りに展開する。馬は道を通れず遠回りした。二時間ほどで一行は小屋に辿り着いた。調べてみると、残された布から、一人の中国人が二、三日前にここで夜を明かしたことが分かった。

動物の足跡を追う森の人

『ウスリー紀行』では「全身これ観察する眼」としてデルスーは描かれている。「デルスー・ウザラー」という呼び名はロシア語ふうにアルセニエフが決めた。元来の呼び名はデルチュー・オッジャールといった。意味は「足跡を追う猟師」だ。更に厳密に言えば「いつも動物の足跡を追って森を行く人」を意味するという。

デルチューが名前で、オッジャールはナナイ人の部族の一つだ。この民族には「婚姻の相手は他の部族から選ぶ」という族外婚のきまりがあり、部族はその重要な単位だ。アムール地方にはオッジャールという部族が現にており、ハバロフスク州のビキンにはウザーという部族が現住するという。

アルセニエフがなぜ「デルスー・ウザラー」と名付けたかについて、ウラジボストクの国立歴史学考古学民族学研究所のウラジーミル・ポドモスキン博士は、「ウデへ人の伝説

仮泊小屋

コルンベ川探検でのアルセニエフ(左)とデルスー

上の巨人ウザの名を借用し、中国語の接尾語を付けたのではないか」という。ウザは、森では熊を拳骨で倒し、海ではクジラを釣り上げ、星の彼方まで駆け上がったという。

二人が出会ったというレフウ河の源流地帯には傾斜の緩い小山が連なっている。老年期の山で、日本のようなそそり立つ峯というものは一つもなく、丘の集まりだ。また下草もまばらだ。落葉の後は見通しがよく、人は歩きやすい。今、南のシコトボから北のイワノフカへ峠を越える未舗装の自動車道が通っている。

さて一行が小屋に一泊した翌朝、デルスーはまたもやアルセニエフをびっくりさせ、感動させる。

朝寝をしている隊長が目覚めて見たのは、薪を割り、白樺の皮を集め、全部を小屋に運び入れているデルスーの姿だ。

「この男は小屋を焼こうとしている」と私は思って、やめさせようとした。だが彼は答えず、一つまみの塩と一握りの米を求めた。彼がそれをどうするのか、私は興味をそそられ、その通りにやるように命じた。ゴリド人はマッチを白樺の皮で丁寧にくるんだ。塩と米も別々に白樺の皮で包み、小屋の中に吊るした。次に彼は小屋の外側の樹皮を手直しして、自分の身支度に取りかかった。

「つまり君はここへ戻るつもりなんだな」と私は彼に尋ねた。ゴリド人は首を振って否定した。そこで「だれのために米、塩、マッチを置いていくのか」と私は尋ねた。デルスーは答えた。

「だれか　ひと　ここ　来る。小屋みつける。かわいたたきぎ　みつける。マッチみつける。くいものみつける。死ぬことない」

このできごとにひどくびっくりした事を、私は今も思い出す。私は考え込んだ。このゴリド人は、見知らぬもの、これからも会うことのない者に気を配っている。その者が自分のために薪や食料を用意しておいてくれるかどうか、分からないのに……である。兵士たちが野営地を立ち去る時、いつも屋根の樹皮を焚き火用に燃やしてしまったことを、私は考えた。彼らは悪意ではなく、いたずら気分からそうしたのであり、私は、それを止めなかった。ところがこの野生の男は、私よりはるかに高い人間愛のある人だった。旅する者への気配りという善良な思い、見知らぬ人のための気配りが、街に住む人々から、どうしてこう荒廃消滅してしまったのか、そんな感情がかつて街にも存在したことは疑いもないのだが。

デルスーの立場から見れば、状況はこうだろう。

――タイガでは見知らぬ旅人のために、食料備蓄と小屋の補修をするくらいの事は当たり前の話。オレがそう考えて働いている間、隊長は朝寝をしていて、目が覚めたら「オレが小屋を焼くぞ」と騒ぎ始めた。哀れな寝とぼけ隊長。返事する気にもならん。真面目に対応しておられん。ロシア人は何も見えない。何も感じない。何も考えない。

「動物の足跡を追う人」という名前が示すように、デルスーは野獣探しにも魔力を発揮する。レフウ河上流の、トウディンザ山で、入り乱れたイノシシの足跡に行き当たった。デルスーはそれぞれの主の年齢、性別を判定する。二頭のイノシシが争い、一頭が他を追い出した様子まで推定する。

「見ろ、カピタン」とデルスーはいって、谷の反対側の斜面を指した。「あれ、何だ」

私が示された方角を見ると、なにか黒い斑点が見えた。私は雲の影かと思い、そう言った。彼は笑って天を指さした。私は見上げた。雲はなかった。(略)

「一体あれは何だ」と私はきいた。「お前　なんにもわからん」とデルスーは答えた。「行って　見てみよう」。われわれは山を降りていった。斑点もこちらへ向かって来るのが分かった。(略)

「イノシシだ」と私は叫んで驚嘆した。その通りイノシシの群れだった。百頭を超えた。何頭かは群れを離れ、またすぐ戻った。すでに一頭ごとの見分けがついた。

「ひとつの〝にんげん〟　おそろしく大きい」とデルスーは言った。〝人間〟とはどんな事を言っているのか私には分からず、訝しんで彼を見た。

群れの真ん中に巨大なイノシシの背中が小山の如く突き出ていた。そいつは大きさで群を抜き、たぶん目方は二百五十キロはあった。（略）今や、数百の脚で踏みつぶされる枯葉の音や、枯枝の折れる音、雄イノシシの鋭い叫び、雌の「ブーブー」、子供の「キーキー」がはっきり聞こえた。

「大きいにんげん　近くに来ない」と彼は言った。またまた私は訳が分からなくなった。

（略）

この瞬間、銃声が轟いた。一頭がドサリと倒れた。デルスーの手にした銃は煙を吐いていた。（略）

ゴリド人が射止めたイノシシは二歳の雌だった。私は「なぜ雄を撃たなかったか」と尋ねた。

「あいつ、年取ったにんげん」。牙のある方のイノシシのことを彼はこう言った。「あれ　食う　わるい。肉　ちょっとちょっと　くさい」

デルスーがイノシシを〝人間〟と呼んだことに私は困惑して、なぜかきいてみた。彼は断言した。

「あいつ　ぜんぶ　にんげんと同じ。違いはシャツだけ。だますこと　知ってる。怒ること　知ってる。周りのこと　知ってる。ぜんぶにんげんと同じ」

イノシシにも人格がある

デルスーはアニミズムの人である。イノシシにも人間と同じ人格があると信じている。

鳥にも、獣にも人格を認める。トラに至っては神の化身である。

次回、一九〇七年の沿海州中部探検の時の出来事を、アルセニエフは『デルスー・ウザラー』の中で記録している。二つはアニミズムという共通項を持つ。


十月半ば、一行はクルンベ河の上流で野営した。

夕食の時、私は肉の一切れを焚き火に投げ捨てた。それを見たデルスーは、肉を慌てて火の中から取り出し、力いっぱい横へ叩きつけた。彼は気に入らないという口調で私に問いかけた。

「なんで肉を火に投げ入れる。肉　ムダに焼ける。どうしてそんなことできる。おれたちあしたたつ。ここに　ほかのにんげん来る。そして肉くう。火に肉なげいれる。肉なくなる」

私が尋ねる番だ。

「ここに一体だれが来るのかね」

彼はびっくりした。

「だれが。よくいうよ。タヌキくる。アナグマ　カラスくる。カラスこないとネズミくる。ネズミこないとアリくる。タイガには　にんげんいろいろいる」

私はわかってきた。デルスーが気を遣う相手は人間だけではない。獣に対しても、アリのような微小なものに対しても同様なのだ。彼は、住むものもろともタイガを愛している。そしてあらゆる者たちに気を配った。

アルセニエフは自分の動作を「肉を投げ捨てた」と表現した。一方、デルスーについては、急いで取り出した肉をそばの地面に「力いっぱい叩きつけた」という一語で表し、一見似た動作の違いを簡潔明快に説明した。デルスーが体と顔を震わせて怒っている光景が目に浮かぶ。

一方はロシア陸軍の栄えあるエリート将校だ。他は字も読めぬ極東の老猟師だ。だが探検隊長は道理を背負った道案内人の激怒に対抗できない。それを受け入れるアルセニエフはやはり知性の人であろう。

同じ状況で日本人同士が議論すればどうなるか。「隊長であるオレの顔をつぶすのか」「自分の立場を考えろ」、さらには「上司であるオレに喧嘩を売るつもりか」などと矮小な非論理の方向に下降していくだろう。そんな意味で彼らが築いた「議論を激突させて決着をつける」という関係は立派だと思う。

デルスーにとって火も水も風も、みな〝にんげん〟である。

一九〇二年の晩秋、レフウ河沿いに下った一行はハンカ湖（興凱湖）に近づく。流れが入り乱れており、十二ルーブルとウオッカ二瓶でボロ舟を買う。デルスーが手早く修理する。その作業のムダのなさにもアルセニエフはびっくりする。その夜は水際でごろ寝したが、風が強く寒かった。

薪は粗悪だった。パチパチと弾ぜ四方八方に火の粉を散らした。デルスーの毛布が焦げた。私はうとうとしながら、彼が薪に向かって自分流に「わるいにんげんめ」と怒鳴っているのを耳にした。

「こいつは　ずっと　こう燃える。わめくと同じ。こいつ　追い出さにゃあ」

続いて私は河の水の撥ねる音と、木の燃えさしのジュンという音を聞いた。そしてなんとか、温まったので寝入った。

夜半、目が覚めた。デルスーは火のそばに座って、火の具合を調節していた。風が炎を四方八方に吹き散らした。私の外套の上には、ゴリド人のものが掛けられていた。なるほど、彼がこうしてくれたので、私は体が温まって眠れたのだ。兵士たちの外套の上にも彼のテントが掛けられていた。私はこちらに来て寝るように勧めたが、彼は辞退した。

「いいよ　カピタン。おまえ　寝る。おれ　火の番する。こいつ　すごくあぶない」

彼は薪を指さした。（略）

これまで私は、「エゴイズムとは野生人特有のもので、人間的感情や人間愛や他人のための思いやりはヨーロッパ人だけにある」と考えていたが、これは誤りだろう。そんな事を考えたまま、私はまた眠り、朝まで熟睡した。

それから二日後の夜にも同じような事が起こる。この日はオレンチェフが数羽のカモを撃ち、一行は結構な夕食を堪能する。隊長と道案内人が話していると、火に掛けたやかんがシューシューと鳴り出した。

デルスーはやかんをちょっとどけたが、やかんは唸り続けた。そこでさらに遠くへどけたら、やかんはか細い声で歌い始めた。

「こいつ　なぜわめく。わるいにんげんめ」とデルスーは言って立ち上がると、煮え湯を地面に撒いてしまった。私は得心がゆかず尋ねた。

「人間がどうした」

「水。あいつわめく。あいつ泣く。あいつあそぶ。こんなことできる」

デルスーの答えは簡単だった。

この原始の人は、自分の世界観を長々と語った。彼は水の中、静かな流れの中に生きた者の力を見て、洪水の時には吠える声を聞くのだ。彼は火を指さして言った。

「みろ。こいつも　にんげんと　まったく同じ」

私は焚き火を眺めた。薪は火花を飛ばし、パチパチと弾ぜていた。火は時には長い舌を、時には短い舌を出して燃えた。

ハンカ湖はウラジボストクの北約二百キロにある。北に広がった卵型で北の四分の一は中国の領水だ。南北は八十五キロ、東西の最大幅は六十キロ。対岸は見えない。周囲は二百六十キロ、面積は約四千平方キロ。東北アジア最大の天然湖だ。元はナナイ人が「ケンカ＝マガモの湖」と呼んだ。後に来た中国人が漢字を当て、さらにそれがロシア読みとなった。夏、ここへ行くため自動車で走ると、地平線まで野草の花園が続いており、湖畔には日光浴や遊泳の人がいる。遠浅で百メートルくらい沖でも背が立つ。水は濁っている。

雪嵐しのぐ知恵

一九〇二年十月の終わり、アルセニエフとデルスーは二人だけで隊の野営地を離れてレフウ河の河口を目ざす。舟で行けば約十五キロ、陸地を突き切れば三キロ足らずなので、アルセニエフは気がはやり油断を生じた。綿入れのジャケツを着ただけの軽装で、夕方には戻る予定だった。

デルスーは途中、例によって地を調べ天を見つめ、独り言をつぶやき続ける。そして改まってアルセニエフに言う。

「カピタンどうだ。おれたちすぐもどる。そうしないか。おれ思う。夜　てんきひどくなる。

　隊長は答える。

「ハンカ湖までもうすぐだ。あそこに長居はしないよ」

　デルスーは何か不吉なものを予感しているが、反論して隊長の考えを変えようとはしない。彼は危険を予知しても隊長が聞かない限り、反論はしなかった。

「よしカピタン。おまえ自分で見る。それけっこう。それでなくてもけっこう」

　これは彼の決まり文句だ。二人は流れにそって歩いたが、小さな川が逆方向に流れる。

「これは駄目だ」と流れを見捨てて進む。沼を通る。小さな流れを跳び越える。別の流れにぶつかる。それに従って進むと、これも逆方向に向かう。背より高い芦を掻き分け、点在する乾いた谷地坊主を跳び渡る。強風で芦が吹き倒された瞬間、荒れるハンカ湖が見えた。

　デルスーは渡り鳥の飛び方に異常を直感する。通常は南へ飛ぶのだが、急迫する何かから逃れるように飛ぶのだ。

　昼ごろ、ハンカ湖の岸に達した。湖は大波に覆われ、その有様は大釜の水が煮え立ち沸き返っているようだった。ここには人はもちろん鳥さえいなかった。雨雲のために暗かった。デルスーはいう。

「カピタン　わしらすぐもどる。ちょっとちょっと心配」

強い風が湖の水を押し返し、水は葦原を浸し始めた。それを避けて二人は右に左に進む。水流にぶつかる。沼にぶつかる。乾いた道路があった。ここでアルセニエフは思う。

「野営地はこの方向だ。これで戻れる。ちょっと遅れるが」

だが池が現れた。迂回する。すぐ別な支流に遮られる。反対へ進むと、また沼だ。運を天に任せて右に転進すると前途は水たまりだ。時刻は四時を過ぎ、水は足元を浸す。雪が降り、旋風が吹き始めた。準備がないまま野営しなければならない。『ウスリー紀行』はこのあたりを長々と詳述するが冗慢ではない。


野営することになると考えて、私ははっと気が付いた。この島には薪がない。一本の樹も一本の茂みもない。水と草があるだけだ。私は尋ねた。

「どうしよう」

彼は答えた。

「おれ　ものすごくこわい」

ここに至って自分たちの立場の恐ろしさがやっと分かった。雪嵐の夜、われわれは火もあたたかい服もないまま、沼地で夜を明かさねばならないのだ。私の唯一の希望はデルスーだ。ただ彼にのみ自分の救いを見た。彼は言った。

「きけカピタン。しっかりきけ。おれたち今すぐはたらく。しっかりはたらく。それしないとわしら死ぬ。おれたちダッダッと草刈る」

それが何のためかとはきかなかった。ダッダッと草刈る。わかっているのはそれだけだ。二人とも全ての装備を体から外した。そして熱にとり付かれたような勢いで仕事に取りかかった。私が片手に握れるくらいをやっと刈り取る間に、彼は両手に抱えきれないほど刈り取っていた。

風は突風となり、両足で立っていられないほどだった。服は凍り始めた。刈り取った草を置き終わらないうちに表面に雪が積もった。彼は、ある場所の草を「刈るな」と命令した。私が従わないと激しく怒った。

「おまえ　わからん。おまえ　きけ。はたらけ。おれ　わかってる」

そして彼は銃の紐を外した。ベルトも取った。私はポケットのロープにも気付いた。彼はそれをみんな巻いて懐に押し込んだ。さらに暗く冷たくなった。降る雪のおかげで、地面はなんとか見えた。デルスーは驚嘆すべきエネルギーを発揮した。私が手を休めるや否や彼は「いそげ」と叫んだ。声には恐怖と激怒の響きがあった。私はまたナイフを取って働き、果ては虚脱状態となった。

上着には雪がどっさり積もり、溶けた雪が背筋をチョロチョロ流れ始めた。一時間以上、草を刈ったと思う。突き刺さるような風と雪は顔を刻み、耐えられなかった。手がかじかんだ。私は息で温めようとしてナイフをなくした。私が手を止めたのを見て、彼はまたまた叫んだ。

「カピタンはたらけ。おれ　ものすごくこわい。すぐ死ぬ」

私が「ナイフをなくした」というと、彼は風にあらがって叫んだ。

「手で草ちぎれ」

私は反射的に芦を折り、手でちぎった。仕事をやめるのが怖くて続けた。遂に力尽きた。熱病のように眼がグルグル回り、歯がガチガチ鳴った。濡れた上着は皺くちゃになり、バリバリ鳴った。眠気が襲ってきた。

「こうして凍え死ぬのか」と頭の中でひらめいた。そして私は一切忘却の状態に陥った。失神状態が何時間続いたか分からない。だれかが私の肩を揺すっているのに気づいた。デルスーが私の上に屈み込んでいた。

「ひざついて立て」

私は従って手を突っ張った。デルスーは私を自分のテントで覆って草を振りかけ始めた。すぐ暖かくなった。デルスーは長い間周りを歩き、雪を掻き集め踏み固めた。私は温まり、ぐったりと睡眠状態に陥った。突然デルスーの声がした。

「カピタンちょっとどけ」

私はやっとこさで脇に寄った。ゴリド人はテントに潜り込み、私と並んで横になり、自分たちを皮の上着で覆った。あの見なれたゴリド人の革靴を私の足に履かせてくれたことがわかった。私は言った。

「ありがとうデルスー。お前もしっかりくるまってくれ」

「いいのいいのカピタン。もう心配いらん。おれ　草しっかりしばる。風こわすことない」

（略）

こうして十二時間も眠ったようだ。目覚めた時は静かで暖かかった。自分一人で寝ていた。

私はびっくりして叫んだ。

「デルスー」


「クマよクマよ、はい出せ。自分の巣にいけ。ひとの穴でながいことねた」

デルスーがある場所の草を刈らせなかった訳が今やっとわかった。彼は下草を綯いあわせ、革紐やベルトを利用して仮テントの上を締め付けて、風で飛ばないようにしたのだ。私がまずやった事は命を救ってくれた事へのお礼だ。彼は答えた。

「おれたち　はたらくのいっしょ。歩くのいっしょ。礼いらん」


黒澤明の映画では最高の見せ場だ。季節は厳冬と設定されている。背の低い芦がまばらに生える中州で陽が暮れ吹雪となる。二人は急いで芦を刈る。ヘトヘトになって倒れ込む。

アルセニエフ役だった俳優ユリー・ソローミンは、博物館のビデオ取材に「クロサワは厳しかった。過酷なほどだった」と語っている。二人が倒れる場面は、実際にクタクタに疲れるまで演技させて撮ったという。

河口付近には高さ三メートルにもなる芦が密生している。人間は芦の海の底を歩く。不毛の荒野という映像とは若干相違する。

それから二日後、敷設されたばかりのシベリア鉄道の辺りでデルスーは一行から離れる。第一回の別れだ。「一緒に街に住まないか」というアルセニエフの好意にデルスーは答える。

「いや　ありがとうカピタン。おれ　ウラジボストク行けん。おれ　あそこで　なにはたらく。猟にゆく　ない。クロテンとりできん。まち　くらす　おれすぐしぬ」

賢明な答えだ。そして彼は森に消える。

探検者の心得

一九〇六年春、アルセニエフらは沿海州中部の山岳地帯と東の日本海沿岸を探検する。当時、彼は、ハバロフスクに勤務しており、隊員の人選や荷馬に慣れることなど、準備に二カ月を費した。

「探検者の心得」として彼は次の事を挙げている。出発よりはるか前に探検隊を組織し、

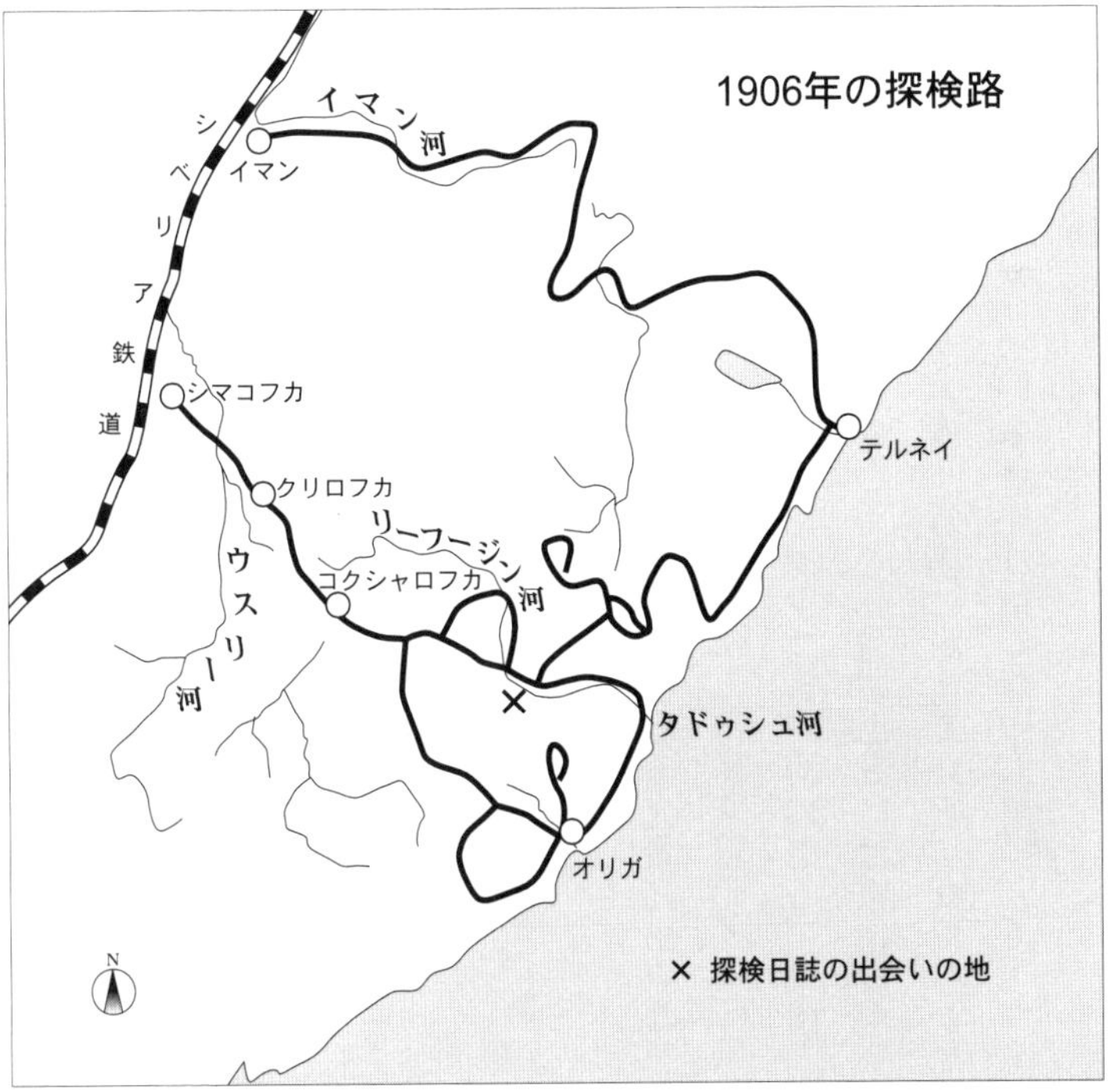

適切な準備ができること。標本採集ができること。日記をつけること。何に注目すべきか分かっていること。貴重なものとがらくたを区別すること。収集品を提供できること。集めた資料を整理すること——。

　一行はシベリア鉄道のシマコフカ駅から日本海沿岸のオリガを目ざす。東南の方向へ約二百キロの旅だ。もちろん全員徒歩である。

　この年は雨が多く、河を泳いで渡ったり、ずぶ濡れになったりして、難航する。

いのだ。

五月三十一日、山に入る。そして道に迷う。ロシア人の道案内人は、道をほとんど知らな
「デルスーがいてくれたら……」と隊長は考え込む。

オリガ監視所に辿り着いたのは六月二十一日だ。ここには海軍の施設があったので、この名がある。アルザマソフカ河に沿って山に入る。七月十七日の夕方、犬を連れて猟に出たアルセニエフはトラの足跡を初めて見る。それをたどるうちに道に迷い、雨の降る中、一晩中歩き回り危なかったが、犬の案内で救われる。

山を越える。ウラジミール湾には中国人漁師の集落があった。彼らはホタテガイの貝柱、カニ、昆布を取っていた。

ロシア人たちは中国人たちが大ダコを取る光景に出くわして、びっくりする。タコの水煮を供されたアルセニエフの感想は「この味は白キノコに似ている」だった。

一行はさらに北に山を越え、タドゥシュ河に出る。中国人の家が九十七戸あり、アヘン採取のためのケシを作っていた。一方、上流には原住民が狭い小屋で暮らしていた。彼らは中国人に搾取され、不潔、貧困に耐えていた。女たちがアヘンにおぼれ、よちよち歩きの子がたばこを吸っているという信じ難い光景を、アルセニエフは記録している。

その日、夜営の準備が終わると、二人の隊員は猟に行き、隊長は残っていた。太陽が沈み急に暗くなった。

一時間後、猟に出たトゥルトゥイギンが戻ってきた。そして「この野営地から二キロほどの所の岩山のふもとで、だれか一人の猟師が野営しているのを見つけた」と報告した。

この人物は、われわれの事を「何者か、どこへ行くのか、長い旅をしているのか」と彼に尋ねた。そして私の名前を知ると、急いで荷物を背負い袋にしまい始めたという。私はこの知らせにどきりとした。

だれだ。彼だ。間違いない！

トゥルトゥイギンが言うには「行くには及びません。この男は『自分から行く』と約束しました」。私は不思議な思いに包まれた。何かが私を抗し難い力で、向こうへ、まだはっきりしない人物の方向へ引っ張るのだ。

私は銃を掴み、犬のアリパをせき立てて小径を走った。焚き火の明かりは、たちまち遠ざかり、夕闇は実際より濃密に思われた。しかし一分ほどで眼が闇に慣れ、小径を見分けることができた。

月は出たばかりだった。重たげな黒雲が、しばしば月を隠した。月は雲に向かって駆け、雲を突き抜けると見えた。辺り一面の動物たちは静まり返っていた。草むらでコオロギの鳴く音のみが、わずかに聞こえた。

振り返ると、野営の火はもう見えなかった。しばらく立ち止まった後、私はさらに進んだ。犬が突然飛び出し、荒々しく吠えた。私が頭を上げると、ほど近い所に人影が見えた。

「だれだ。そこにいるのは」

と私は叫んだ。これに答えた声は私を身震いさせた。

「どんな　にんげん　くるか」

「デルスー、デルスー」

私は叫んだ。そして彼に向かって飛びついた。もしこの時、観察者がおれば、二人の人間が組み付き合い、掴み合い、まるで喧嘩しているように見えただろう。犬のアリパも、何が何だか分からぬままに、デルスーに飛びかかりかけたが、すぐに彼に気付いた。その憎々しげな声は、キーキーという金切り声に取って代わった。ゴリド人は改めて言った。

「こんにちは　隊長」

「どこから来た。どうして、ここがわかった。どこにいた。どこへ行くのか」

私は彼を質問責めにした。彼はうまく説明できなかった。やがて、ようやく私たちは落ち着き、しかるべく話し始めた。

「おれ　このあいだ　タドゥシュにきた。おれきいた。カピタン四人と兵隊十二人　シミニェ（オリガ監視所）にいる。おれ思う。そこへ行かなきゃならん。きょう　一人のにんげん　見かけた。それで　ぜんぶわかる」

さらにちょっと話をしてから、私たちは野営地に戻った。私は嬉しく、気が弾んでいた。喜ばずにおれようか。デルスーがそばにきたのだ。

数分後、野営地に着いた。隊員たちは場所を譲り、珍しそうに、このゴリド人を眺めていた。デルスーは少しも変わらず、年も取っていなかった。昔のように皮のジャケットを着てなめした鹿皮のズボンを履いていた。頭には布を巻き、手にはあのベルダン銃を持っていた。銃架だけが新しいようだった。

読み手の反応をよく知った鮮やかな描写だ。感情が風景に現れ、風景が感情を高めている。黒雲を分ける月、コオロギが鳴くのみの静けさ、森の闇、彼方の焚き火。これらの抑制が続いた後、読み手の心は再会の瞬間に一気に解放される。

こうしてデルスーは再び探検の道案内を務める。新しい隊員たちも彼を受け入れる。映画もこの記述を忠実に再現している。再会の場面は抑制気味だ。

森の統治者アンバ

トラが一行の跡をつける。アムールトラだ。日本ではシベリアトラと呼ばれるが、シベリアにはトラはいない。かつてはアジアに広く住んでいたがカフカスのカスピトラ、インドネシアのバリトラとジャワトラが二十世紀に絶滅した。現在はこのアムールトラ、インドのベンガルトラ、中国南部のアモイトラ、インドネシアのマレートラとスマトラトラが残っているだけだ。

「同種の野生哺乳類は体温を効率よく保全するため、高緯度のものほど大型化する」という法則に従い、アムールトラはトラの仲間では最も大きい。

沿海州から中国の吉林省にかけての原生林は、かつてはトラの楽園だった。一八六〇年の北京条約で、ウスリー河以東のロシアへの帰属が決まって、ロシア人の入植が始まったころ、タイガの最大の危険はトラだった。この猛獣は白昼、ウラジボストク港を見おろす丘をうろつき、入植者をパニックに陥れた。

わずか十数年前の一九八六年二月にはウラジボストク市街北部のセダンカ丘陵にトラが現れた。この付近には保養所が集まっており、植物園もあり、大騒ぎとなった。四歳の雄で、トロリーバス停留所から百《メートル》の所にねぐらがあった。

沿海州の先住民はトラを撃たなかった。デルスーがアルセニエフと出会った夜に語ったように、トラは人間のためにチョウセンニンジンを守る神聖な生物であり、これを殺す者は森の神が遣わす別のトラに殺されると信じられていた。

一行は日本海側のタドゥシュ河に沿ってシホテアリン山脈を越え、リーフージン河に沿って下降する。きせるを落としたデルスーが探しに戻ろうとしてトラの足跡を発見する。寸前までトラは立ち止まり、うかがっていたのだ。二人は銃を構えて、タイガを半時間ほど見て回るが、トラは見つからなかった。そして再び出発する。

兵士たちはバテた馬から荷物を降ろし始め、私とデルスーはまた出発した。二百歩も行かないうちに、またトラの足跡にぶつかった。恐ろしい野獣は先と同様にまたわれわれの跡を付け、われわれの接近を知るや否や、鉢合わせを避けたのだ。デルスーは立ち止まり、トラのいる方向へ向き直って大声でわめき始めた。その口調には激しい怒りがこもっていた。

「なに　あと　つける。おまえ　なに要るか　アンバ。おまえ　なに　ほしい。おれたち　道ゆく。おまえ　じゃまする　いかん。どうして　ついてくる。タイガに場所ないか　まさか」

彼は頭上で銃を振り回して脅した。こんな興奮状態の彼を見たことがない。「アンバが自分の言う事を聞いて従う」という確信がデルスーの眼から読み取れた。「トラが決闘に応じるか、われわれから静かに離れるか、どちらかだ」と、彼は確信していた。

三分ほど待った。そして彼はほっと安心して一息つき、きせるで一服吸い、銃を肩に掛け、しっかりと径を歩き始めた。顔は再び平静無心に戻った。彼はトラに恥をかかせて遠ざけたのだ。

「アンバ」とはナナイ語でトラを意味する。同時にこの言葉は「主人」「頭目」「統治者」という意味も含む（スィェム『ナナイ語方言概説』）。トラは森の統治者なのだ。極東ロシアでは「アンバ」はそのまま通用し「あの山にはアンバが住んでいる」などと語る。この場合は、かつて日本人が、田畑をイノシシやシカから守ってくれるニホンオオカミを真神《まがみ》と呼んだように「山の守り手」への畏敬の念がこもっている。「アンバ」という地ビールもある。風味は濃厚だ。

その夜、二人はアンバの吠える声に震える。土の中の塩分をなめに来るアカシカを森の中で待ち受けていると、七、八十歩離れた所で雷のような声が轟いた。アルセニエフは恐怖のため心臓が締めつけられる思いだ。立っていられない。アンバは昼間の挑戦に対する返事にやってきたのだ。トラはデルスーの挑戦を受けて立った。

デルスーは言った。

「いかん。おれたちノコノコここにきた。アンバ怒る。ここ　あいつの場所」

私に向かって言ったのか自分に言ったのか分からなかったが、彼は明らかに恐れおののいていた。

「ルルルルルル」とまた夜の静寂の中に唸り声がとどろいた。突然、デルスーはすっと立ち上がった。「撃つぞ」と私は思った。しかし彼は銃を握っておらず、トラに向かって話しかけを始めたのだ。聞いた私は途方もなく驚愕した。

「よしよしアンバ　おこるな　おこるな。ここ　おまえの場所。わしら　それ知らなかった。わしら　いま　べつのところゆく。タイガにばしょたくさんある。おこるな」

ゴリド人は野獣に手を差し伸べて立っていた。突然、彼はひざを折って二回、地に向かって頭を下げげた。そして自分たちの土俗の言葉でなにかモゴモゴ語り始めた。私はなぜかこの老人が気の毒になった。（略）

「行こうカピタン」

彼はこうきっぱり言って、私の答えを待たず藪を通り過ぎ小径を歩いていった。周りに注意を払わない彼の落ち着きと確信ぶりは私を安心させた。「トラが私たちの跡をつけてくる事はない。また、トラは『襲ってやろう』とは考えない」と私は思った。

二百歩ほど行った所で私は立ち止まり「もうちょっと待とう」と老人の説得を試みた。彼は黙って小径を進んだ。彼は言った。

「だめだ。おれ　できん。おれ　前に　おまえに言った。隊員　アンバうつ。ずっとダメ。おまえ　しっかりきけ　アンバうつ　おれのともだち　ない」

私は独りでも留まりたかった。だが気味悪くなり、走って彼の跡を追った。（略）

トラを見られなかったことは残念だった。私は同伴者にそう言った。デルスーは答えた。

「ああちがう。あいつを見る　わるい。おれ　そういった。一回もトラをみない人しあわせ。その人　ずっとしあわせ」

デルスーは深呼吸し、しばらく黙ってからいった。

「おれ　アンバたくさんみた。一回だけうっかり撃った。いま　おれものすごくこわい。いつか　こわいこと　ある」


トラ、デルスー、アルセニエフの関係が語られている。デルスーは昼間、トラに挑戦し退散させた――と見えた。だが夜になってトラが威嚇した時、彼は恐れおののき降参する。トラに「すまん」と詫びてひざをつき、頭を垂れるデルスーは自然に対し謙虚な者とも受け取れるが、実は野生に対する彼のおそらく生まれて初めての完全敗北だ。それを認めた上で、もはや当面のトラを恐れない。トラは超自然の能力でデルスーの心を理解し、降参した哀れな老人を襲わないと、彼は信じるからだ。

デルスーはアルセニエフを恐れ、アルセニエフはトラを恐れ、トラはデルスーを恐れた。この三者の関係が、この時崩れた。今や、デルスーはトラを避ける。トラはアルセニエフを避ける。アルセニエフはデルスーを避ける。デルスーの座は崩れ、人生の終わりが始まった。

野営地に戻った老人は、横になっても寝返りを繰り返し、独り言を言い続ける。かつて自分が射殺したトラが彼を苦しめる。

映画「デルス・ウザーラ」撮影の時、トラの演技は最大の難問だったという。「デルスーとアムールトラの対決」の黒澤明監督の苦心ぶりを助手の野本照代さんが著書『お天気待ち』の中で語っている。

この映画の制作のため監督らは一九七三年モスクワに入る。撮影所では日本語の看板も掲げて総出で迎える。七四年二月に主演の二人決定。アルセニエフには舞台俳優のユーリー・ソローミンが扮する。彼は「ロマノフ王朝最後の日」で皇子皇女を愛し威厳もあるニコライ二世を演じ日本公演もしている。デルスーの役は中央シベリアのトゥーバ共和国で劇団を主宰するマクシム・ムンズクだ。

一行はソ連側七十人、日本側五人。沿海州アルセニエフ市の「タイガホテル」に泊まった。三十人の工兵が付き、ロケーション現場の設営などをやってくれた。

俳優は巨匠の指示通りに動いた。だがトラはそうではなかった。まず近所で飼われているのを借りてきた。監督は「目が死んでいる」と気に入らない。そこで捕獲されたばかりのトラを調達したがこのトラは座り込んで動かなかった。

監督はキレて「なんとか動かせ」と叫ぶ。スタッフは柵の外から棒でトラをつつく。トラは興奮して、危険防止のため巡らされたプールに飛び込み、上がって木の間で失神する。

ソローミンはそれを見て、アルセニエフ役らしく「こんなにトラをいじめるようでは役を演じる気がしなくなる」と抗議する。黒澤は「わかった。きょうは撮影中止。ソローミンにはよろしく伝えてくれ」と言ったという。

結局、トラの場面はモスクワのスタジオにセットを作って撮影された。サーカスのトラを調教師夫妻が監督の注文通りに動かして解決した。結局、ソローミンとムンズクはトラの柵の中で演技した。スタジオは記者やカメラマンで満員。撮影後、二人はトラと並んで写真を撮られた。ソローミンは「ムンズクと違っておれはまだ若い。子どももいるのに」ともらしたそうだ。

自然に対する搾取者

デルスーは無駄に動物を殺すことを嫌い、これをなす者を憎んだ。彼にとって、その対象は主として中国人密猟者である。

元々、ウスリー河の東はナナイ人、ウデヘ人、オロチ人などツングース系民族の世界だった。そこへ十八世紀から中国人が進出する。十九世紀にはロシア人がやって来た。先住民は追われて移住を繰り返す。アルセニエフは「自然に対する思慮のない搾取者」として中国人を記述している。

彼らが伝えたとされる「ルーデワ」という猟の方法がある。木を切って束ねて、野獣が水飲み場に向かう径を延べ数百《メートル》の垣根でふさぐ。そして垣根に沿って深い穴をいくつも掘り、木の枝などで隠す。動物たちは遠回りをしようとして穴に落ちる。デルスーはこれを嫌った。「食べ切れる以上に動物を殺してはならず、捕った動物を捨ててはならない」というのがタイガの先住民の掟だが、ルーデワはこれに反し、動物を無駄死にさせるからだ。

バンゴウ河のルーデワはすでに放棄されていた。もう長い間、中国人がここを見回っていないことは明らかだった。落とし穴の一つでアカシカの雌が見つかった。不運な動物は三日ほど前に落ちたようだ。われわれは停止して、この動物をどう助けるか思案した。隊員の一人が穴に降りようとしたが、デルスーは止めた。シカがやけっぱちになって、猟師の足を砕くかもしれないのだ。そこで、われわれは、縄を輪にして引っ張り上げようと決め、実行した。二つの縄の輪が投げられた。アカシカの足にからんだ。三つ目の輪は頭に投げられた。われわれは、サッサッと引き上げた。

アカシカは窒息したようだった。けれど縄の輪が外れるや否や、眼をグルグル動かした。

そして、ちょっと気を静めると足で立ち、よろよろと横手へ進んで行った。森まで行き着かないうちに流れを見つけると、われわれには構わず、水をゴクゴク飲み始めた。

中国人たちが気を遣わず、落とし穴を埋めなかったことで、デルスーは猛烈に彼らを罵倒した。

一時間後、われわれは、おなじみの茶屋「ルーデワ小屋」に着いた。デルスーはすっかり平常心に戻って、自らルーデワを壊しに行こうとしたが、私はとどまって明日まで休むように勧めた。昼食後、私は中国人全員に、この作業に取りかかるように言い、また隊員のコサックたちには、全ての落とし穴がつぶされるまで見張るように命令した。

デルスーの中国人に対する心理がよく分かる事件だ。またロシア人、中国人、先住民の関係も示されている。

一八五八年の愛琿《あいぐん》条約によって、ロシアはアムール河以北を領土とし、ウスリー河より東の沿海地方はロシアと中国の共有地となった。だが中国は、ここでは行政・軍事の組織を持たなかった。一方、ロシアは南端の金角湾に兵士四十人を上陸させ監視所を設けた。ウラジボストクの誕生だ。一八六〇年、東シベリア総督ムラビヨフは中国に迫り、沿海州をロシア領土とする北京条約を結んだ。この地方へのロシアの登場は、先住民に対する中国人の無秩序の搾取を軽減するという救済役の意味も持っていた。

当時の沿海地方での中国人の原住民搾取がどのようなものであったかは、アルセニエフが繰り返し書いている。以下は一九〇六年十月末、イマンの東の山中の中国人の村での見聞だ。

> シーダートゥンに十月二十七日から三十日まで滞在した。この期間中に私は村を調べ住民みんなと知り合いになれた。彼らのほとんどは、さまざまな犯罪者たちだった。法の裁きを避けた脱走犯や、ヤバイことをあさる連中で、荒っぽい欲求に限りがなかった。連中は何もせず、アヘンを吸い、ウオッカを飲み、さいころバクチをやり仲間うちでけんかし、ののしり合っていた。（略）
>
> よそと同じで、土着民は完全に奴隷状態にされていた。ウデヘ人たちは、書かれたものについては、何も分からないので、だれがどれだけ中国人から借金しているかも知らなかった。ここでは奴隷的境遇という言葉の文字通りの意味がよく分かった。
>
> たとえばシバ・ユンの場合、命じられた期限内に決められただけの数のクロテンを獲らなかったとして、棒で打たれ、一生、身体障害者となった。妻と娘は取り上げられ、彼もただ働きの下僕として、四百ルーブルで別の中国人に売られたのだった。

この地方の先住民の集団は、後から来た他の民族に幾度となく追われ、移動を繰り返し、人口も減っていった。とりわけ中国人が過酷であることをアルセニエフは非難するが、何人かの優れた中国人は最大級の賛辞で記録している。フンフーズと戦う猟師の親方も、その一人だ。

ジャン・バオは背の高い男で、四十五歳くらいだ。着ているのは普通の青い中国服だが、働く中国人たちが着るものとはちょっと違って、こざっぱりしていた。活力のある顔には耐えしのいできた苦労の跡が刻まれている。彼はひげを生やしており、その先は中国流に垂れていた。(略)

黒い眼から知恵がひらめき、口元はいつも微笑しているが、顔は真剣なままだった。何かを話そうとする前に、自分の答えに思いを巡らせ、急がず静かに語った。まじめさと、善良な心と、精力と、思慮深さと、忍耐力と、そつのなさがこれほど練り上げられた人物に、私はいまだかつて出会ったことがない。(略)。その知恵、自尊心、大勢の者を従わせる能力は、彼がなみの中国人ではないことを示していた。私の考えでは、彼は中国から逃げて来た政治犯に違いない。

デルスーに誠実さ、気配り、タイガでの行動能力を見出したアルセニエフは、ジャン・バオの中に「組織を統率できる人格」という全く別の能力を発見し、感嘆している。映画ではフンフーズを追う討伐隊の、若くしっかりしたリーダーとして登場するが、物語でアルセニエフが描いたのは、知的で物静かな中年の君子人である。

一九〇六年の五月下旬に始まったシホテアリン山脈南部調査の旅は十一月中旬に終わる。アルセニエフはデルスーに、一緒にハバロフスクへ行くことを勧めるが、老猟師は断り、その代わり余った銃弾をもらう。

「では行くぞ」

デルスーはそう言って、背負い袋をかついだ。私は彼の手をしっかり握って言った。「さようなら。君は私を救ってくれた。ありがとう。私は絶対に忘れない。君が私のためにやってくれたたくさんの事を」

大きな赤い陽が沈んだばかりで、鈍い光が水平線に残っていた。まず金星が瞬き、そして木星や他の大きい星たちが続いた。デルスーはまだ何か言いたそうだったが、うろたえ、銃の台尻を手で磨き始めた。われわれは一分間ほど黙って立ちつくした後、もう一回握手して別れた。彼は左へ川の支流の方に曲がり、私たちはまっすぐ進んだ。

二度目の出会いは月と共に始まり、金星と共に終わった。

翌一九〇七年の六月からシホテアリン山脈北部への旅が始まる。一行はウラジボストクから水雷艇に乗りプラストゥン湾に上陸する計画だ。デルスーはタイガの村、アヌーチノで黒テンを獲って暮らしているはずだ。隊長は彼を呼ぶため兵士ザハロフを派遣する。彼はシベリア鉄道の駅から郵便馬を借りて小屋ごとに立ち寄り「ウザラー系ゴリド人の老人を知らないか」と尋ね回った。アヌーチノの手前の道端の小屋に土地の者らしい猟師がいた。この男は背負い袋を縛りながら独り言を言っていた。「デルスー・ウザラーというゴリド人を知らないか」という質問に猟師は答えた。

「それ　おれ」

デルスーが来た村

晩秋のある日、私はデルスーに詳しい人がアヌーチノにいるというので訪ねた。タイガの中を道が続き、アヌーチノの手前の道端では農家の主婦がリモンニクという木の実のジュースを売っていた。

アヌーチノは一千戸ほどの家が点在している。だが目当ての人はいなかった。二、三日前に足を痛めてウラジボストクの療養所に行ったという。もう夕方だ。途方に暮れている

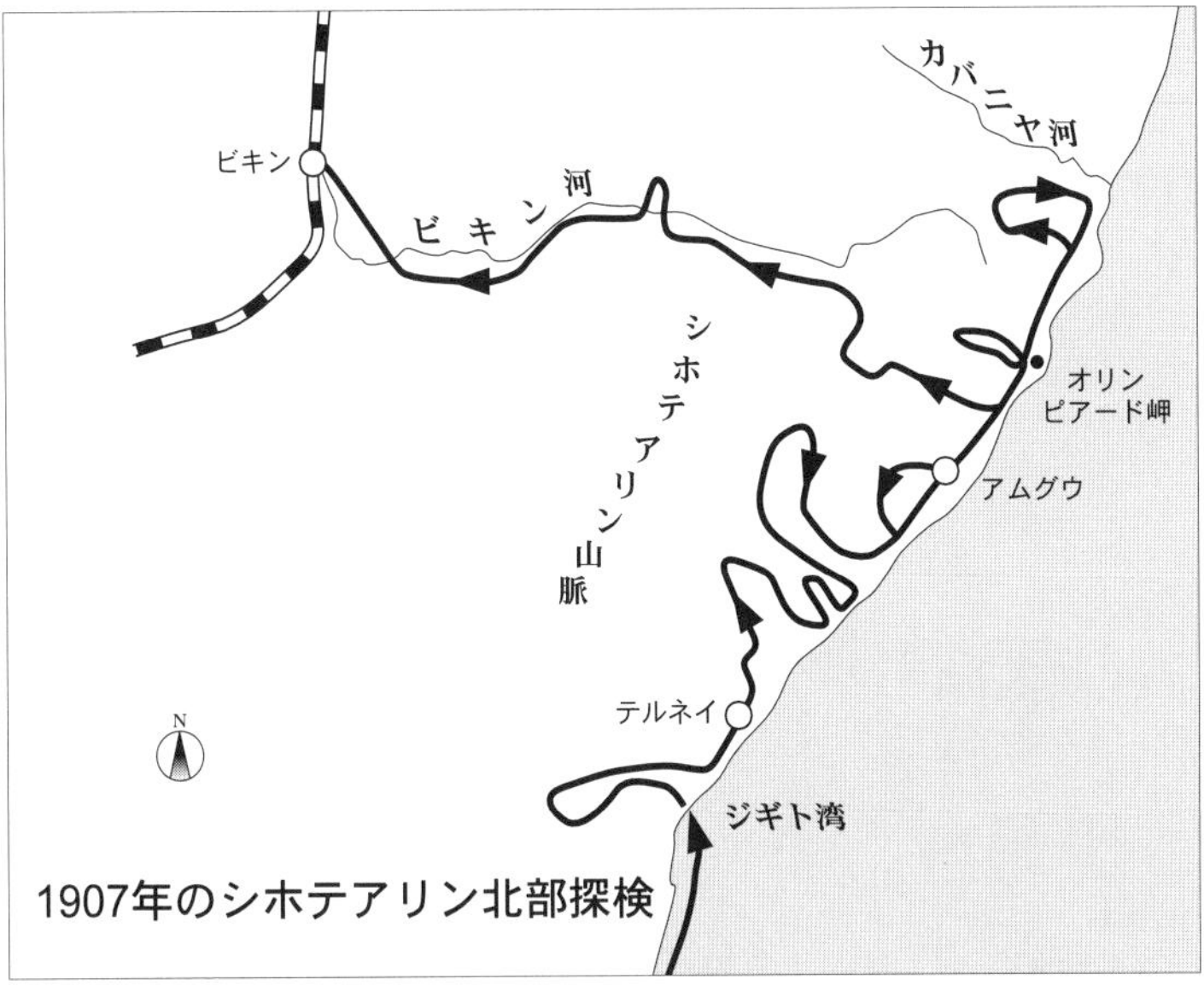
カバニヤ河
ビキン
ビ キ ン 河
シホテアリン山脈
オリンピアード岬
アムグウ
テルネイ
N
ジギト湾
1907年のシホテアリン北部探検

一九〇七年の探検隊

と、近くの主婦が「どうしたのですか」と声を掛けてくれた。

「よかったら、うちへ泊まっていきませんか。と言ってもごちそうはありません。ジャガイモだけですが」

見知らぬ旅人が困っていたら助ける――これはタイガのしきたりだ。お世話になることに決めた。パン、ジャガイモ、ソーセージ、酢づけトマトと持参したウオッカの楽しい夕食だった。

この主婦はガリーナ・コズィレンコさん。東シベリアのチタ生まれだ。そして誇らしげに言った。

「私のおばあさんはツングース人です」

ツングース人とは、ナナイ人、ウデヘ人、オロチ人などツングース系言語を話す先住民の総称だ。日本の場合、自分の非大和民族系の出自をあけすけに誇らしげに初対面の外国人に向かって話すかどうか。

夫のグリゴリーさん（四四）はカザフスタンの生まれ。両親はウクライナ人。自身、ウクライナ国籍を持っている。最酷寒地帯を走る第二シベリア鉄道で働いたあと、この山里に来たという。ロシア人と話すと、彼らが住んできた空間の広さに、しばしば驚かされるが、この日もそうだった。ガリーナさんは語った。

「鉄道会社は五月から給料を払ってくれません。私には年金が出るけれど、電気代と電話代で消えます。私は心臓が悪くて手術が必要ですが、手術代がありません。ほら、脈がないでしょう」

ガリーナさんは私の手を取って、自分の手首を押さえさせた。

「脈はあります」

「あるけど弱いでしょう」

その通りだった。顔色も悪い。

「子供が五人いて、上の三人の娘は結婚しました。四人目の娘はウラジボストクの大学にいます。日本語を勉強したいけれど、有料講座なので、仕方なく英語の勉強をしています。追加の授業料を払ってやる余裕はありません」

五人目は長男サーシャ君。トランプの手品がうまい。

「ロシアは世界一の資源を持ちながら、なぜ貧しいか」という話になった。

「共産党の時代には、みんなに仕事があり、給料はちゃんと支払われ、医療も教育も無料でした。土地は無限にあり、資源は世界一でも国民は世界一貧しい。それは政治が弱いから、政治家が無力だからです。プーチンさんはアメリカに行って格好よくしゃべっているけれど、政治家としては無力です」

政治の力とは「しっかりした指導力」という意味らしい。この見解はロシアではどこでも聞かされるのだが。ガリーナさんが心臓を押さえながら休み休み語るのを見ると、こちらも胸が痛くなった。

グリゴリーさんに尋ねた。

「ところでデルスー・ウザラーを知っていますか。彼はこの辺に住んだはずです。記録やモニュメントはないですか」

「そんな物はないと思う。それよりデルスーは、ちょっと前ここに来たよ」

「何ですか、それは」

「デルスーが来た。アルセニエフも来た。クロサワ監督も来て、この近くで映画を撮った。クロサワは、この辺の朝鮮系の人に面接して、何人も出演させた。あした、その人らに会いに行こう」

真夜中、村の道を歩いた。月も家の灯火もなく、星がすざまじいばかりに美しかった。周りのタイガにトラがいると、犬はおびえて鳴かないそうだが、この夜はしきりに鳴いた。

翌日、元出演者たちを訪ねてみたが、みんな亡くなっていた。山道を車で一時間近く走ってヤスナヤポリャーナという山村に行った。途中、山の中腹に突き出た岩があった。上に立つと、目の下に深さ百《メートル》ほどの谷があり、その向こうには自然林の密生した屏風のような山がある。グリゴリーさんは言う。

「クロサワは、この岩にユリー・ソローミンを立たせて撮影した。それ以来これを『アルセニエフの岩』と呼んでいる」

映画を見た人は覚えているだろう。作品の中ほどで、岩に立ったアルセニエフが地形を観察して書き込み、続いて下の谷では、探検隊の馬が出発準備をしているシーンがある。そしてアルセニエフはつぶやく。

「デルスーがいてくれたら……」

野外のシーンの多くは、この辺りで撮られた。ウラジボストクにあるゴーリキー劇場の俳優ウラジーミル・セルギャコフさん（五一）は、もう三十年近くも前の演劇学生の時代に撮影に一年ほど参加した。

「監督と将棋や碁をしたこともあります。仕事は厳しかった。クロサワは大声で『ナチャーリ（スタート）』『スベート（照明）』と命令したのを覚えている」

映画で兵士たちが、木に吊るされ揺れ動く瓶を撃ち合って腕を競う場面がある。デルスーは「弾の無駄使いやめろ」と怒る。瓶も弾も貴重品だ。兵士らは「ではお前が撃て」と挑発する。デルスーは紐を撃って瓶を落とす。物語の原作にはないが好場面だ。この時、木のそばに立って「ダバーイ（やれ）」と促す若いコサック兵がセルギャコフさんだ。それもこの辺で撮った。

好奇心と知識欲

一九〇七年六月三十日、ジギー湾で水雷艇から降りた一行は、日本海沿いに北へ進む。前回の一九〇六年の旅を語る『ウスリー紀行』と違って今回の探検物語『デルスー・ウザラー』は主に自然を精緻に語る。デルスーの英雄的行動はほとんどない。主役は沿海州の動物、植物、地理、民族なのだ。アルセニエフの視点の成長と筆の円熟を感じさせる。そして物語はデルスーの死で完結する。上陸したアルセニエフはまず植物についての詳しい報告を記す。

海辺の草むらでデスラビ(同行の植物学者)は、私の注意を、こういう所でよく出合う植物に向けさせた。シベリアシオンは菱形で細長いぎざぎざの葉があり、花はすみれ色がかった黄色で一カペイカ硬貨大の冠毛があって円錐花序を形成している。レンゲは根が薬となり中国人が採取する。この強い多年草には枝分かれした茎と細かい葉があり、たくさんの青黄色の花をつける。

ヒエンソウは青い花をつける。その上部は柔毛で覆われている。柔毛のゼラニウムには荒く深く切り込まれた葉があり、柔らかい深紅の花をつける。ワレモコウは暗赤色で独特の羽毛のような葉がある。リンドウは葉が大きく長く、茎も根も太く、青味がかったすみれ色の花をつける。

動物については、八月初めの夜、巨大な甲虫《こうちゅう》の大群に襲われるという奇妙な経験をする。異常発生したウスリーオオカミキリが火に誘われて来たのだ。アルセニエフは楽しげに書いている。

突然、激しい騒音かはぜる音のようなものがわれわれを取り囲んだ。何かが顔に当たり痛かった。同時に首にも厄介者がいた。手を上げて、硬く痛い奴をつかみ、地面にたたきつけた。途方もなくでかい甲虫だった。クワガタムシに似ているが、はさみがない。別の一匹を手で払いのけると、また別のがシャツに現れた。私はベッドから飛び起きて逃げ出した。（略）

一匹を捕まえた。調べたところ、これは学名を「カリポゴン＝レリクタス」といい、新生代第三紀からウスリー地方に残る動物界の代表者だった。褐色で背中にうぶ毛があり、上に反り返った強力なあごを持っていた。カミキリムシによく似ているが、触角は短い。体長九・五センチ《セン チ》、背中の幅三センチ《セン チ》。

このような記述が続く。この本では、アルセニエフは自然科学全般の観察者であり、民族学という人文科学の研究者でもある。また遺跡の所在を見付けて発掘する歴史家でもある。彼は「何にでも興味をもち研究する人＝博物学者」であることを示している。植物学者が同行しているが、アルセニエフの好奇心と知識欲には驚くほかない。

この本で観察の対象になった生物や鉱物を列挙すると、次のようだ。

哺乳類＝イワシクジラ、シャチ、ノロ（小型のシカ）、ウスリーシカ、アカシカ、イノシシ、トラ、クマ、ゴラル（チョウセンカモシカ）、ヨーロッパヤマネコ、クロテン、リス、ヘラシカ、アカオオカミ、カワウソ、ジャコウジカ、フイリアザラシ、ツキノワグマ、ヒョウ、アナグマ、クズリ、トド、オオヤマネコ、ケナガイタチ、エゾモモンガ。

水生動物＝カラフトマス、キュウリウオ、トミヨ、モツゴ、カジカ、クサズリガイ、オショロコマ、アメマス、テッド（コイ科）、コクチマス、ヒメカワマス、カワメンタイ、カワカマス、イトウ、ナマズ。

昆虫類＝ブヨ、クモ、ウスリーオオカミキリ、モンスズメバチ、マークチョウ。

鳥類＝モズ、キアオジ、ハジロガモ、ミヤマガラス、コウライキジ、エゾライチョウ、オジロタカ、オジロワシ、バン、ヤマシギ、アカアシシギ、イソシギ、カイツブリ、カモメ、イワツグミ、マガモ、コガモ、スズガモ、キョウジョシギ、ミヤコドリ、セキレイ、シノリガモ、セグロガモ、カササギ、キマワリ、マダラキツツキ、ヤマバト、キョウツバメ、ハゲタカ、ミドリキツツキ、ムクドリ、ベニスズメ、サケイ（砂鶏）、ワタリガラス、アカゲラ、クマゲラ、ゴジュウガラ、ウリ、イスカ、キクイタダキ、ハシブトガラス、ミコアイサ、カマバネライチョウ＝手でつかまえられる。

植物＝シオン、キバナオウギ、ブシバヒエンソウ、ビロードフウロ、ワレモコウ、ミヤコアザミ、ハコヤナギ、ヤエガワカンバ、ミズナラ、アムールシナノキ、タモ、マンシュウクルミ、イタヤカエデ、ハンノキ、キハダ、オンコ、エンジュ、ハシバミ、サンザシ、ガマズミ、シモツケ、サルヤナギ、エゾノダケカンバ、エゾマツ、ウラボシザクラ、ハリスグリ、ハシドイ、エゾウコギ。

鉱物・天文＝石英班岩、火山玻璃、輝緑石、閃緑岩、石灰岩、石灰砂岩、花崗岩、片麻岩、石英片岩、変成粘板岩、礫岩、石炭、粘板岩、石英安山岩、玄武岩、凝灰石、石灰泥岩、閃角石、黄銅鉱、黒曜石、珪石板岩、ふん岩、石英緑閃石、褐炭、黒ふん石、河岸段丘、蜃気楼、彗星。

物語はこれらの観察と詳細な描写の間にデルスーらの反応を挟んで展開する。自然の描写は隊員たちの行動を生き生きと浮き出させ、話の信憑性を高める。八月初めに遭遇した不気味な出来事も現実感をもって迫ってくる。

その日、アルセニエフは夕食後、雨あがりのタイガの散策に出た。濃い霧がかかった河岸で不可解な体験をする。

この時、霧の中にどでかい物が見えた。そいつは河を渡り、音をたてず、私に近付いてきた。私はその場に凍り付き、心臓は激しく脈打った。この〝薄暗い物〟が立ち止まると、わたしはさらに魂消た。そいつは後ろに退き、数分後には、出てきた時と同様に、ひっそりと消えた。それは野獣だったのか、風倒木が河を流れて行ったのかはわからない（略）

突然、だれかが私の肩を揺すった。

「起きてください」

「何が起こった」

さっきより暗く、綿のような霧がかかり、小雨が降っていた。不寝番の隊員が、ろうばいして言った。

「なにか獣が向こう岸から水に飛び込みました」

私は跳ね起きて銃を握った。一分後、何かが岸に上がり体を振るのを、私は聞いた。デルスーとジャン・バオもきた。われわれは火に背を向けて、何が起こっているのか見極めようとしたが、霧が濃く、二歩先も見えなかった。デルスーは静かに言った。
「歩いているぞ」
確かに何者かが砂利の上をひそかに歩いていた。一分後、獣が、また身体を振るのが聞こえた。この生き物はわれわれを聞きつけて立ち止まったに違いない。私はラバたちを見た。彼らは寄り集まり、耳を立てて河の方を見ていた。（略）
その時また砂利の上で音がした。私は「他の隊員を起こせ」と命令し一発撃った。銃声は眠っている空気を震わせ、鈍いこだまが森を遠くまで伝わっていった。砂利の上で速い物音がし、水のはねる気配が聞こえた。（略）
デルスーは言った。これはアカシカではない。あいつらは砂利の上では、もっと大きな音を立てる。クマでもない。あいつらは、あえぐ。結局、足跡はなく、正体不明に終わった。

老猟師の衰え

物語『デルスー・ウザラー』は、老猟師の死へ向かっての衰えの話でもある。この物語でデルスーが射撃の腕を発揮するのは、探検の最初のころのカモ撃ちだけである。隊員たちは遠い海に浮かぶカモを撃つが、的外れで、鳥は驚きもしない。ほろ酔いのデルスーが狙いもせず撃つと至近距離に水柱が上がり、カモは飛び去る。これが妙技の最後の見せ場となった。

十一月初め、猟に行ったデルスーは手ぶらで帰って来る。翌日、デルスーはイノシシのにおいをかぎ当てる。百五十歩ほど進むと、イノシシの群れが飛び出す。アルセニエフは一頭を仕留める。

帰り道、私はデルスーに「なぜ撃たなかったのか」たずねた。「見えなかった。茂みを逃げて行く気配が聞こえただけ」と答えた。彼は機嫌が悪く、自分をののしり、帽子を脱いで頭を拳骨でたたいた。私は「お前は眼より鼻で物を見ているわけだ」と言って笑った。（略）半歳の子イノシシは二十四キロと手頃だった。われわれは夕食で新鮮な野生の肉をたんのうし、陽気になり、ふざけて笑い続けた。デルスーだけが不機嫌に鼻を鳴らし続け、声を上げて「なんでイノシシが見えなかった」と自分に問うていた。

デルスーは自分の視力の衰弱に薄々気付いていたが、この日はっきり悟ったのだ。猟しかできない男の眼が、目の前の獲物を見分けられなければ、死ぬしかない。

それから数日後、デルスーはジャコウジカの声を聞き分ける。アルセニエフにはこの動物が見えるが、デルスーには見えない。それでも狙って撃つ。外れる。彼は木に目印を刻み、二百歩離れて撃つが当たらない。銃をほうり出し、目を見開いて途方に暮れる。それからは銃を持たず、アルセニエフの獲物の運び役を務める。

探検隊はハバロフスク州のビキン駅に向かうが、デルスーの人生は一気に死へ向かう。デルスーがジャコウジカを撃ち損ねた夜、アルセニエフが目を覚ますと、この老猟師は起きていて、隊長が眠らないように世話を焼き、思い切って切り出す。


昔はどんなふうにくらしていたか、なぜひとりぼっちになったか、どのように糧を得ていたかから話し始めた。いつも銃が助けてくれた。鹿の生えかけたばかりの軟い角を売って、必要な弾薬やタバコや服の生地を手に入れた。眼が悪くなる事、それはどれほどの金でも買い戻せないと考えたことは全くなかった。

半年前から視力の衰えを感じ始めたが、「やがて終わる」と思っていた。だが「きょう、自分の狩猟生活が終わった」と思い知らされたのである。このことは彼を驚愕させた。そして「私のところには、いつでも安らぎの場とパンがある」という約束を思い出させたのだ。

「ありがたい、隊長。すごくありがたい」

彼は突然、ひざを付き、おじぎをした。私は跳びついて、彼を起こした。そして言った。

「話は逆だ。私こそ命を救ってもらった。一緒に暮らしてくれれば、うれしい」

彼を苦しい考えから引き離そうと、私は茶を飲むように勧めた。だがデルスーは言う。

「ちょっと待て隊長。おれ話す　まだ終わらん」

老猟師は自分が移植したチョウセンニンジンの話をする。この霊薬の原料は、その重さに相当する金の値打ちがあったという。そのころウラジボストクでは鶏卵百個が八十《カペイカ》、大きいカニが十《カペイカ》、キジ二羽が三十《カペイカ》で買えたという（アリストワ「アルセニエフ伝記資料」）。そのニンジンをデルスーは二十二本も集めレフウ河の上流に植えた。そして順調に育っている。一本五十《グラム》として一財産である。それを全部、アルセニエフにくれると言う。隊長は感動する。そして中国人に売る事を勧めるがゴリド人はきかない。

この日を境に、デルスーはデルスーでなくなる。最終地点ビキンの手前で野営した時、トラがキャンプを襲い、犬を一匹くわえて去る。デルスーは恐れおののいて悲鳴をあげるだけで、なすすべもなかった。見えぬトラに向かって「お前なんかこわくないぞ。次は撃ち殺すぞ」と叫ぶが、もはや虚勢でしかない。

隊長一家とデルスーの同居

アルセニエフとデルスーは一九〇八年一月七日にハバロフスクに着き、同居する。隊長の妻と長男が彼を快く迎えた事は映画の通りだ。だが銃一挺で原生林に生きてきた男にとって都会のハバロフスクは住み場所ではない。彼はまず、市内では鉄砲を撃てないことに焦立つ。次に薪を売りに来た男に怒る。タイガでは薪はタダだ。それで金を稼ぐ奴は悪人であり、買う者はバカなのだ。そして公園の木を切って警察に捕まる。

水を売りに来た男を見て彼の精神は切れる。アムール河には水がふんだんあるのに金を取って売るとは、これまた犯罪行為なのだ。結局、彼はアルセニエフ一家と別れてタイガに去る。アルセニエフは新しい銃を贈る。この話は映画にはあるが、物語には出てこない。しかし、贈与の事実は確認されている。そしてこの配慮がデルスーを殺す結果になる。

三月初めにデルスーは断りなく去る。二週間後、アルセニエフは「あなたがタイガに派遣した人殺さる」という電報を受け取る。場所はハバロフスク南方約三十キロのコルフォフスカヤ村だ。新しい銃は奪われていた。だれかがこれを狙って善良で哀れな老猟師を殺したのだ。

物語でも映画でもアルセニエフが駆けつけ、デルスーを確認し、埋葬に立ち会うが、実際は、そこにいたのはコルフォフスカヤ駅の駅長だけで、アルセニエフはいなかった。その事情は後で述べる。

私は四月初めに現場を訪ねた。ハバロフスクの市電の南の終点からバスに乗り換え、約一時間の距離だ。映画は厳冬期と設定しているが、記録ではもう陽光の軟かい春だ。国道筋に「デルスー・ウザラー」と刻んだ大きな自然石の碑があった。だが殺害現場を知る人はいなかった。一九一〇年に探検から帰ったアルセニエフが訪ねた時、目印のケードルはすでになく、埋葬の場所は分らなかった。映画はこの場面から始まっている。

私はデルスーがしたであろうと同様にまっすぐ西へ最寄りの山を目指した。標高四百～五百《メートル》のヘフツィル山脈はハバロフスクから最も近いタイガだ。かつてはトラがすみ、今もクマがいるという。「ヘフツィルのキノコ」といえば市場ではハクが付く。そういう所だ。

二《キロ》ほど歩くと森が始まり、登りとなった。すぐに道が尽きた。更に三十分ほど行ったが、樹の下は三十―四十《センチ》ほどの残雪があり、これ以上は進めなくなった。雪解けの終わった空地には可憐な白い花が咲き乱れていた。

犯人については「脱走した徒刑囚である」と名指しした本も出ているが、伝記作家たちは評価していない。

デルスー物語は終わった。

第二章　記録のデルスー

デルスーとの出会い

ここまで『ウスリー紀行』と『デルスー・ウザラー』の記述を事実として書いてきた。

ウラジボストク港の実物の潜水艦を使った博物館近くにある四階建ビルにアムール地方調査協会がある。前身はアムール地理学協会で、アルセニエフも主なメンバーだった。そこにアルセニエフ関連の文書が保存されている。管理責任者のリリア・エルモレンコさんは、どんなに崩れた手書きの書体でも、流れるように読みこなす能力の持ち主だ。

以下はそこに保存されているアルセニエフの「探検日誌」の一部だ。日付は一九〇六年八月三日。場所は沿海州中部の日本海に近いタドゥシュ河の上流。シホテアリン山脈の分水嶺に近い。なお日誌は、ごく一部を除いて印刷されたことがなく、付属読書室で現物を読むしかない。

一九〇六年八月三日　日の出のころ、われわれはすでに山に入っていた。タドゥシュ河の最上流を目指した。途中、大きな中国風農家に出くわした。そこの主人は、われわれをペリメニでもてなしてくれた。この道を通るのは二度目であり、その上、荷物はリーフジンに置いてあるので、今回は苦労なしに進んだが、そこまでは急いで行き、荷物を受け取らねばならなかった。「ルーデワ小屋」(休憩所)に着くころは、夜が迫っていた。

夜、われわれが焚き火のそばに座っていると、二人の隊員が戻ってきて「リーフジン峠の向こうから一人の猟師がやってきた」と報告した。この男はゴリド人で、あちらに住んでいる。そこに二人の隊員もいたが、三人は万事順調だったという。このゴリド人が、われわれの野営地に来ることを約束したのだ。

もう夜も更けていた。九時を回ったころ、このゴリド人はやって来た。だれかが後ろから「こんにちは」と言った。私が振り向くと、火のそばに中年の男が立っていた。背は低めで体格はずんぐりしており、胸が張って、ややガニ股だった。顔は平ぺったく、一面に陽焼けしていた。目のあたりや額や頬のしわは、彼が五十歳くらいであることをはっきり物語っていた。

栗色の両耳は小さめで薄かった。口ひげは少なくまばらだった。目のそばの両頬骨は突き出ていた。これらは間違いなく彼がゴリド人である事を示していた。男は銃尾を地面に置いて銃を立てかけ、一服吸い始めた。何かゴワゴワした防水布製のような上着を着て、中国人農民風のズボンと、なめしたシカ皮の半長靴を履いていた。手には銃架を握っていた。これは非ロシア系民族の猟師には欠かせない持ち物だ。

目は小さく、目尻のあたりは膜が張ったようで、賢さと勇気と誇りが息づいていた。われわれは「何者か」と尋ねた。彼は誇らしげに答えた。

「中国人ではない。ゴリド人だ」

彼は一晩中、われわれと一緒にいて放浪しながらの狩猟や家なしの生活で得た面白い話を

道案内人・デルスー(左)

たくさん物語った。夜半も、われわれは一緒に過ごした。

「われわれの任務に加わらないか。給料、服、食事は持つ」と申し出た。ゴリド人はしばらく考え「あしたの朝、答えよう」と決めた。

彼は名をデルスー、姓をウザラーといった。「その姓名をロシア語に訳すとどんな意味になるか。ゴリド語では何を表すか」という私の質問に、彼は「意味は何もない。ただの苗字と名前だ」と答えた。

一九〇六年八月四日　ゴリド人デルスーは「道案内人を務めるかどうか」という再度の質問に承知する旨を明らかにした。この瞬間から彼は探検隊の一員となった。

『ウスリー紀行』に書かれた一九〇二年秋のウラジボストク北東の山中での出会いとほぼ同じ記述である。どう読んでもこれは初対面の印象の記録である。エルモレンコさんをはじめアムール研究協会の人たちは「アルセニエフとデルスーが初めて出会ったのは、この日記の通り一九〇六年八月三日である」と信じて疑わない。

「一九〇二年秋か一九〇六年八月か」という書誌学的なせんさくは研究者にとって重要だが、部外の一般読者には、日付はどっちでもいい。しかし物語『ウスリー紀行』ではデルスーは一九〇二年に登場し、大活躍している。映画を見たほとんどの人は「大筋は事実だ」と思い、物語を読んだ人も「記述は事実」と信じているから、これは書誌学を超えている。いったいこの人物はだれなのか、それともアルセニエフによって創作された虚構なのか、という問題が生じる。吹雪のハンカ湖でのアシをかぶった露営も、山中での劇的な再会も、トラへの感動的な語りかけもなかったことになりかねないのだ。

さらに、この日誌が書かれた一九〇六年八月三日の前後が物語『ウスリー地方紀行』ではどう記述されているかを読むと、奇妙な符合が浮かんでくる。物語は日を追えば次のように進む。

七月三十日、探検隊はウラジミーロフカの海岸で大ダコの水煮を供され、白キノコのような風味を初めて体験する。

七月三十一日、付近の山を歩き、イノシシを仕留め、その肉を中国人の野菜やジャガイモと交換して、路上でごろ寝する。

八月一日、タドゥシュ河をさかのぼる。物語ではアルセニエフはこの日の記述を地形の詳しい説明、土地の言い伝え、中国人古老との会話の記録に充てている。また中国人に搾取される先住民の惨状を長々と書いている。

そして八月二日、月の山中での感激の再会がある。一方、日誌では翌八月三日に二人は初めて出会う。念を押すが日誌の「初の出会いの日」と物語『ウスリー紀行』の再会の日とは一日しか違わない。つまりほぼ同じなのだ。これは偶然ではないだろう。物語は毎日を記録しておらず、日付を飛ばすこともあり、二つが共に八月三日である可能性は高い。アルセニエフは「実際の出会いの日」を「うれしい再会の日」に仕立て直したと考えられる。それにしても八月三日の日誌は、アルセニエフの優れた観察を証明している。

キャンプに夜遅く一人の見知らぬ男がやって来た。無愛想で、気に入られようとするような行動は一切しない。しかし体格はいい。何より目が誠実な人柄を表している。「中国人ではない。ゴリド人だ」という誇りが胸に響く。仕事の上で、この男は使える。友としても付き合える。よし決めた。隊員にしよう……。

アルセニエフは胸の中でこう考えて即座に決断したのだろう。暗い焚き火の明かりを頼りにした短時間の観察で相手の資質を見抜いた判断は間違っていなかった。このあとわずか一年半だが、二人の相互信頼はデルスーの非業の死まで続く。

同行した助手メルズリャコフが後年語っている。アルセニエフは、第一印象の生き生きした新鮮さを大切にし、それが消えぬうちに記録に留めるという習慣を持っていた。全体を見て、細部を見て、生き生きと記憶すること、それが正しい判断への方法であった。

物語と草稿の異同

ウスリー地方調査協会の読書室でアルセニエフの手書きの日記を繰っていくと、行動の記録とは別に、自然観察や民族学観察の報告が混じっている。特に目をひくのは等高線や川の細かい流れが色鉛筆で克明に描かれた地図だ。その精密さ、正確さから、この人が地理学者としても相当なものであったことが分かる。地図好きの私が見ると、この手書き地形図は、山の形や川の流れなどの景観を鮮やかに感じさせ、こよなく美しい。

その何十冊もある日記の第三巻、一九〇六年十一月のシリーズに、気になる草稿が挟まれていた。デルスーと行ったカモ猟の追想記らしいが題はない。欄外に「一九〇二年」と大書されている（一〇一ページ参照）。これも何のためか意味不明だ。長いので、主要な部分以外を要約すると次のようだ。

ある日、私はデルスーと「渡りのカモを撃ちに行こう」と決めた。秋十月半ばだった。隊はハンカ湖に近いレフウ河下流にいた。デルスーと私は、いまだかつて長々と相談し合ったことはない。この老人に準備させるのには二つの単語で十分だった。彼は顔にプロの集中心を表して弾薬を用意し、背負い袋をまとめた。「野営地に戻るのか、二人だけで仮泊するのか」ときいただけだった。前回はテントと食料と斧を持参したのだが。

こうして二人は出かける。テントを持たなかったのは日帰りのつもりだからだ。ハンカ湖の周りは一面に背の高い草の海だった。掻き分けても掻き分けても、それは同じ、前途には三メートルほどの草が密生しているだけだ。ここでアルセニエフは土壌や地形の変遷について長々と語るが、主題のカモ撃ちとはほとんど無関係の話だ。


私はデルスーに言った。

「古い河跡を伝ってレフウ河にたどり着こう。支流の岸を二、三キロ下ればカモを撃てる」

陽気はよかったが、風が強かった。冷たい風が零方向（真北）から吹いた。鳥は群れとなって飛んでいた。空いっぱいにガンとカモの長い列が延びていた。鳥というものは分別によって突然動くものだ。デルスーは首を振り、空を仰ぎ、飛び方を観察し、独り言を言った。

「あいつらなんでこんなに急ぐ。きょうすぐあわてることない。けど北のアムール、ホル、ビキンは雪だ」

アルセニエフが鳥を見ても、何の異変も認められない。鳥たちは何となく縦列になったり、くさび形になったり、乱れたりしているだけだ。二人はさらにアシを掻き分けて前進する。一時間後、小さな湖に行き当たる。鳥たちは上を飛び過ぎるが、氷に降りようとしない。

私はきいた。

「どうしたんだ、デルスー。どう思う」

彼は答えた。

「おれ思う。これよくない。あいつらどこへ行っても雪にあう」

左側では氷が光っていた。音もなく流れる水にも突き当たった。狭いところを跳び越えた。しかしまた大きな支流に出くわした。

ハンカ湖へ流れ込むレフウ河が枝分かれし入り乱れ、さらにアシのために前後左右が見えないところに迷い込んだのだ。その間にも鳥は悪天候を予知し、右に左に飛び回る。

愚かにもこんな草やこんなアシの中で迷ってしまうことは、森の中で迷うよりも始末が悪い。こんな場合のため、やはりいつも磁石を携行するものだ。私は何回も道に迷い出られなかったことがあったので、今回も出る時にポケットに測量用コンパスとマッチをしのばせてきた。

周りは草以外のものは何も見えず、空だけが見えた。そこを雲の断片が走っていた。時おり雨雲のような大きな雲が走って集まり、太陽を隠した。地上はたちまち陰気な灰色の風景となった。枯れ草と冷たい風は共にこの季節に見合っていた。

鳥はさらに増え、飛び方もさらに慌ただしくなる。アルセニエフにもその異様は分かった。しかし二人は気にせず鳥撃ちを楽しむ。二人は鉄砲による殺生が大好きなのだ。その間にも天気は悪くなり、北からも矢のように雲が広がる。突然、雪が降りだす。だが二人は危険を感じない。

「行こう」とデルスーは言った。われわれはめいめいの獲物を持ち、支流に沿って進んだ。デルスーが先に立ち、アシや草を手で掻き分けて道を開き、私はついて行った。

その間にも雪は一分ごとに強くなった。降るというより、風に乗って来た。十分ほど行くと突然、広い支流に前途を阻まれた。それに沿って行き、左へ曲がるとまた別の支流だった。

これは最初の支流に対して直角に流れており、われわれはそれを伝って合流点まで行った。薄暗くなってきた。凍った雪が針となって顔と手を突き刺した。われわれは突き進んだ。また支流だ。最初のよりも大きい。

風は数段強まり、足元は倒されそうだった。闇が地上に押し寄せてきた。どんどん暗くなった。

デルスーはうろたえた。

「このままでおれたちどうなる。テントない。もやすものない。道わからん。おれたちどっちゆく」

どんな状況なのかは分かった。われわれは島にいるのだ。周りは水だけだ。

以下は第一章で紹介した「ハンカ湖からの生還」とほぼ同じだ。この場合、同じであることを確認することに意味がある。細部は相違する。

どうかしなければならない。しかしどうする。テントも、毛布も、薪も、こっぱさえもない。デルスーは茫然としている。私は言った。

「火を放つんだ、デルスー。草を焼こう」

彼は不意に立ち止まり、足でアシを踏みつぶし始めた。そして、せき込んで言った。

「すぐ草刈る。はやいことやる。しっかりやる。休むこといかん。働かないとすぐやられる」

彼は急いで草を刈り始めた。すぐ両腕一杯になった。私が突っ立ったまま呆然と眺めているのを見ると叫んだ。

「はやく草刈れ」

私はおぼろげに感じた。「信じるのだ、デルスーを信じるのだ。この男と一緒なら死ぬことはあるまい」。何をすべきかをデルスーは知っている。私の仕事は、彼の命令を実行することだけだ。

私はナイフを出し、草を刈り始めた。私がなんとか片手一杯分を刈る間に、デルスーは両腕に持ちきれないほど刈り取った。さらに暗くなった。雪はどっと押し寄せ、刈っている間にも、地上に置かれたばかりの草は雪に埋まった。

私は力の限り働いた。助かるかどうかは草次第ということが分かってきた。二十分くらいすると疲れてきたので、そう言った。彼は怒鳴った。

「もっと草刈れ。やらんとヤバい」

私はまた作業に取り掛かった。雪がすっぽりと私を包んだ。どっさりと頭、背中、肩、首に積もった。背中のは溶け始め、私はぬれて一層凍えてきた。歯がガチガチと鳴った。

真っ暗になった。正真正銘の大吹雪がどっと来た。この瞬間のことを私は絶対忘れないだろう。暗がりと雪の向こうで走り回るデルスーの影が見えた。彼は絶え間なく体を折り、草を刈り、どっさり抱えて一カ所に置いた。

「デルスーさんよ。私はもうばてた」

　彼がペッと唾を吐くのが聞こえた。そして言った。

「ガキとおんなじ。まったく。おまえわからんみたい。ヤバいことすぐ来る。しっかりはたらく、われわれくたばらん。草すくない。早く刈れ、もっと刈れ」

　まるで私の体に電気が流れたように感じられた。私は腰を落とし、ひざをついて草を刈り始めた。もう雪や寒さは気にならなかった。ナイフが切れなくなった。それでもアシを手で摘み取り、引きちぎり、根元からむしり取り、ともかく草を集めた。「ちょっとでもたくさんの草を集めなきゃ」。心にあるのはこれだけだった。

　とうとう手がかじかみ、指が曲がらなくなったのに気付いた。足も凍り始めた。真っ暗だ。草もデルスーも水も空も何も見えない。ナイフをなくした。雪があるのみだ。私は雪に埋まる。私はそう感じた。

　疲れのあまり、どうでもよくなった。火や草があろうがなかろうが、私は歯を鳴らし、死人のように横たわり、眠ろうとしていた。

　半時間ほどもうろうとした。さらに記憶を失った。それが数分続いた。だれかの叫び声が聞こえ、答えようとしたが、また眠りに陥った。突然だれかが肩をたたくのに気付いて、われに返った。デルスーがそばに立っており、言った。

「カピタン、カピタン、しんぱいない。いま、おまえにベッドつくる。ちょっとだけまて。ひざをつけ。りょうてをじめんにつっぱれ」

私は体を起こし、言われたようにした。デルスーは私に草をかぶせ始めた。一分後、私は深い眠りに陥り、長時間眠ったようだ。

第一章の記述とほとんど同じだが、次のような違いもある。第一に二人はハンカ湖の調査に行ったのではなく、カモやガンの猟を楽しみに行ったのだ。そして鳥の動きが渡りの行動と違うことを知りながら、深く考えず撃ちまくる。

第二にデルスーは天候の急変に慌ててパニックに陥る。そして「枯れ草をかぶれば何とかしのげる」とひらめく。冷静に判断したのでも体験から考えたのでもない。直感で思い付いたのだ。

第三に物語の語る「ベルト類で草を縛り、風に飛ばないようにした」という事実はない。三《メートル》もあるアシの海の底にいるのだから、横たわれば風は届かない。風に備えて一部だけ刈り残したという話も「クマよ、自分の穴に行け」というくだりもない。つまり最初に草稿があり、それを物語に書き直す時、これらの状況が付け加えられたと考えられる。

次に文章、文体を見ると、草稿の方は似た表現の繰り返し、同じ名詞、動詞の反復、不必要と思われる記述が多い。

「気が付くと寒くなってきた。私は太陽が隠れたことに今やっと気付いた。私は北の方角にもやのようなものが広がるのに気付いた。空中で雪がキラキラ光るのにやっと気付いた」

わざと反復の効果を考えて書いた文章ではない。

「草の海、アシとヨモギの海だ」「人間の背より高い草の中の道を……」「その先は草の海に埋めつくされていた」「島には草しかなかった」

後の二つの文章は、記述したことを、すぐその後で繰り返している。

「『行こう』と私はデルスーに言った。われわれはめいめいの獲物を持って支流に沿って行った。デルスーが先だった」「デルスーへの信頼、そう信頼だ。彼と一緒なら死ぬことはない。私は何となく思った、デルスーは何をすべきかを知っている」

物語を書く時、アルセニエフは文章のわずらわしさを嫌って、呼称の連続反復を極力避けている。例えば「デルスーの手にした銃は煙を吐いていた。ゴリド人が仕留めたイノシシは二歳の雌だった」と書く。草稿の中では「デルスー」または「彼」は数十回登場するが、「仲間」「ゴリド人」という代替呼称は一、二回出て来るだけだ。日記に挟まれていたこの作品は、読み物としての完成度は低いと言えるだろう。

それにしても、この草稿は何だろう。いつ、何のために書かれ、一九〇六年秋の日記に挟まれているのか。

草稿のすぐ前の日誌の日付は一九〇六年十月十七日だ。内容は「アヘン酒を飲みすぎた」という失敗の長い記述である。草稿と全然関係がないことを確認するために全文を読めば次のようだ。話としても面白い。


十月十七日　腹が痛んで眠れなかった。焚き火のそばでは、立ち寄った中国人が温まっていた。私は彼らにアヘンをねだった。するとアヘンの水割り薬用酒の瓶を渡してくれた。私はグラスの五分の一くらいまで注いだ。しかし中国人は「もっと飲みなさい」と言った。この薬用酒には砂糖がたっぷり含まれているという。付言すれば薬用酒は黒い。中国の砂糖は黒いからだ。

私は勧められた通り、グラスの半分ばかり飲んだ。枯れ草の上に寝て毛布をかぶるや否や足、首、腕に強い疲労と快い倦怠を感じた。アヘンが強烈に効き始め、私は飲み過ぎたことを悟った。たちまち甘い眠りに誘われ、自分がどれだけ眠ったかも分からなくなった。

明け方、眼が覚めた。予期せぬ変事が私に起こっていた。仰天して飛び起きた。周りの物は何もかも横に回り縦に回り、そして揺れていた。隊員はむっつりしていた。私は吐き気で内臓が裏返しになりそうだった。頭痛は恐ろしいばかりだった。薬用酒のアヘン、シカの袋角、チョウセンニンジンのエキスが、焼酎と相まって効きすぎたようだ。

私は歩くことができず、地面にひざを付いて這った。一、二時間後には何とか動くことはできたが、写真撮影はむりだった。それでも私は歩いた。転がった。座り込んだ。木につかまった。そしてつまづき倒れた。

夜に始まって朝まで続いた出来事が書かれている。十六日夜以降のことを十七日朝に書いたのか、それとも十七日夜に始まったことを十八日に、十七日の日付で書いたのか、どちらかは分からない。いずれにせよ、この「アヘンの記録」と後続の「ハンカ湖のカモ撃ち」とは一切関連性はない。

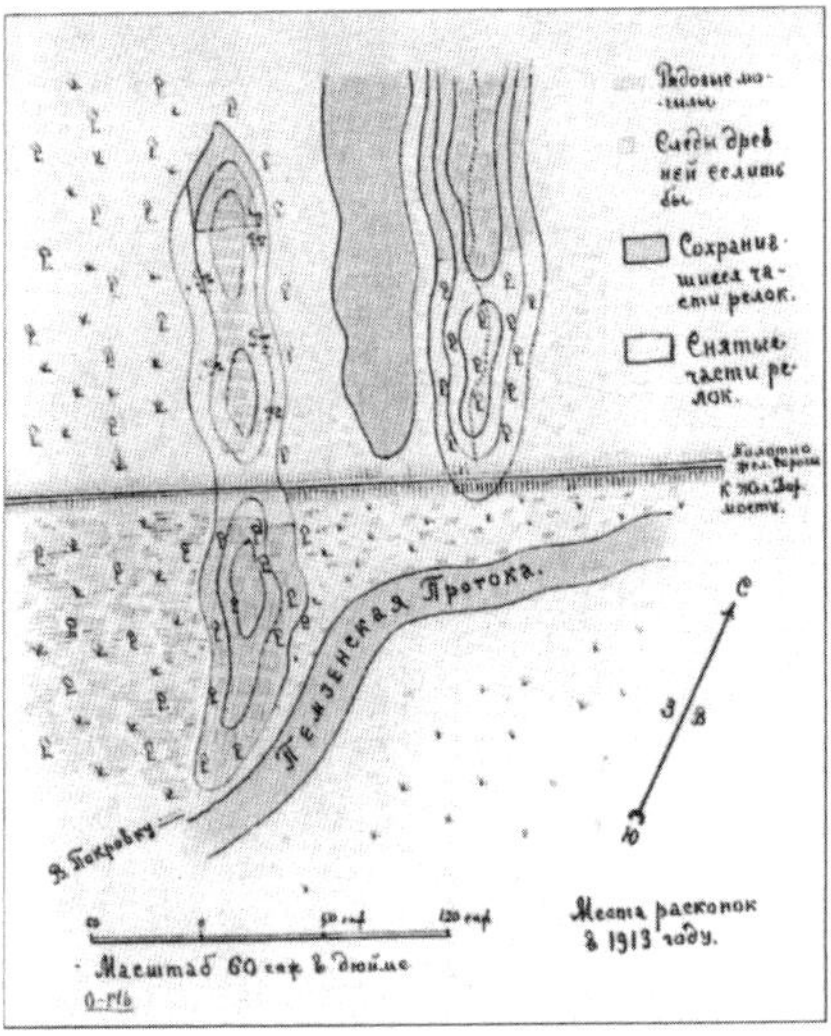

アルセニエフの手書き地図

日誌第三巻の「草稿」の後ろには先住民のオロチ人とウデヘ人についてのメモが一ページある。その後の数十ページは「一九〇八～〇九年、アムール川下流探検の記録」だ。この内容は詳細で、手書きの地図や、先住民の被り物や、衣装の紋章や、楽器の太いひもが、水彩絵の具を使って描かれる。その美しさ、正確さには目を奪われる。だがこれも草稿とはかかわりない。

要するに一九〇六年秋の探検日誌と、ハンカ湖のカモ猟の記録と、一九〇八〜〇九年の民俗報告がひとつの厚いノートにまとめられているのだ。

アムール地方研究協会の記録類の管理者リリア・エルモレンコさんはアルセニエフの記録についての生き辞引きのような人だが、草稿がなぜここに挟まれているかは「私にはまったく分かりません」。

日記に「デルスーとの出会い」を記した一九〇六年の探検旅行が、アルセニエフにとって初めてのものであったことは、彼自身が認めている。国立沿海州博物館が出した資料集「ウラジーミル・クラウディエビッチ・アルセニエフ」（以下「アルセニエフ」）に一九一〇年七月二十日付で知人に出した手紙が載っている。

「私の最初の旅は百八十日かかりました。二回目は二百三十日、三回目は十九カ月です。この最後の旅は、私の計算では休養日だけでも四カ月と六日間あり、ちゃんと歩いた日は十四カ月と二十四日です。四回、餓死しかかりました。ある時は海藻で胃を満たし、ある時は貝を食べました。最後の飢餓状態は最も恐ろしいもので、二十一日間続きました。私の愛犬アリパを覚えておられますか。私はあれを食べました」

飢えて動けなくなった愛犬アリパを、同様の人間が食べたのは、著書『シホテアリンの山中で』によると、一九〇八年から一〇年にかけての山脈最北部への調査旅行中のできごとだ。この時は途中で舟が転覆し、食料も銃も失われていた。一九〇八年八月十四日、アルセニエフらはアリパが捕らえてきたエゾライチョウを横取りして食べた。さらに自分を救ってくれたこともあるこの愛犬を、アルセニエフは隊員に射殺させ、分けて食ってしまって記す。

「アリパや哀れ。お前は八年間も歩き続けるという生活を共にしてくれた。そして自分の死によって、私と仲間を救ってくれた」

これが第三回の調査旅行だから、第二回の「二百三十日」はデルスーの最後の仕事となった一九〇七年のシホテアリン山脈中北部への旅だ。そして第一回は、日誌が「デルスーとの巡り合い」を記録している一九〇六年シホテアリン南部への旅だ。だからそれ以前には探検と呼べる長期の調査旅行はなかった。

だから「おれ　にんげん」と叫んで闇から出てくる登場はなかった。「吹雪のハンカ湖からデルスーの機転で生還する」という物語と映画の見せ場はなかった。これらはアルセニエフによる創作だ。そして問題の草稿はデルスー物語を書くための習作だろう。

デルスーのロシア語

デルスーの話すロシア語にも創作ではないかという疑問がわく。彼は「うつ　いかんぞ。おれ　にんげん」と叫んで出現する。

この最初の言葉はロシア語では「ストレリャイ　ニェ　ナーダ、マヤー　リューヂ」だ。これを逐語訳すると「撃て　いらん。おれの持つ女物は人間たち」という奇怪な文章になる。

「ストレリャイ」は動詞「ストレリャーチ（撃つ）」の命令形だ。「マヤー」は「私の〇〇」を意味する一人称単数所有形容詞の女性形だ。この「〇〇」の後には必ず女性名詞の「マーチ」や「アフトルーチカ」などが来て、「私の母」「私の万年筆」となる。「私は、私が」は正しくは「ヤー」であり、デルスーのように「私の〇〇＝女性名詞」で自分を表すことは、ロシアでは幼児でもしない。

同様に「きみは」「お前は」という二人称単数主格を表現するのにデルスーは二人称単数所有形容詞の女性形「トバヤー」を使う。本来は「お前の〇〇＝女性名詞」を意味する。

このことは話し相手への尊敬表現にもかかわってくる。フランス語では二人称単数の「きみ」「お前」は「チュ」だが、「あなた」と丁寧にいう時には二人称複数の「ヴー」を単数として使う。この話法はドイツ語にもロシア語にもある。

正しいロシア語では二人称単数の「君」「お前」は「トゥィ」であり「あなた」は本来は複数形の「ヴィ」である。そして自分を「マヤー」で表すデルスー式ロシア語話法をここで適用するならば、目上の隊長であるアルセニエフへの呼びかけは「バーシャ（あなたの○○＝女性名詞）」でなければならない。しかし彼は「トバヤー」で押し通す。隊長も「お前」なのだ。

同様に「彼は」「われわれは」とに相当するデルスーの代名詞は、それぞれ「われわれの○○＝女性名詞」「ナーシャ」、「彼の○○＝女性名詞」を意味する「イェヴォー」なのだ。

さらにデルスーのロシア語の述語動詞も独特だ。

「おれ　いつも山すむ。火おこす。テント張る。ねる。いつも猟ゆく。家にいる　おなじ」

「おれ　そっとあるく。どんなひとたち　山のおくきたか考える。みる。隊長いる。コサックいる。おれ　それでまっすぐくる」

「じぶんで見る。小さい鳥たち　あっちこっち歩く。あそぶ　くう。雨ちかい。それで

表1　デルスー語

日本語	私は	山に	住んでいる
	ヤー	ジヴー	フ　ソープケ
ロシア語	Я	ЖИВУ	В　СОПКЕ.
ロシア語逐語訳	私は	住んでいる	山に
	マヤー	ソープカ	ジヴィ
デルスー語	МОЯ	СОПКА	ЖИВИ.
デルスー語逐語訳	私（の女物）	が山が・山は	住め

しずかに止まる。寝てる　同じ」

「ウン　おまえまったくこども。こうあるく。あたまふる。目ある　見ない。なにもわからん。そういうひとまちでくらす。くいものほしい　かう。ひとりで山すむ。すぐ死ぬ」

ロシア語の動詞では、同じ動作について必ず二つの言葉がある。一つは「～している」という不完了体、もうひとつは「～してしまう・してしまった」という完了体だ。前者は語尾の変化や助動詞によって過去形、現在形、未来形となる。後者は語尾変化によって「～してしまった」の過去形と「～してしまっている」という、未来形になる。この法則はロシア語の極めて厳格な基本原則だ。小学生が言い争いをしている時でも、この原則はきちんと守っている。

ところがデルスーはこれを守らない。不完了体だけを使う。不完了体のそれも命令形のみを使う。「住んでいる」（ジーチ）の命令形は「ジヴィ」だ。「歩く」（ハジーチ）の命令形は「ハジ」だ。「働く」（ラボータチ）の命令形は「ラボータイ」だ。

彼はこれらの命令形で主語の動作を表す。現在、過去、未来の区別はなく、不完了体現在の命令形で済ませている。

もう一つ、彼のロシア語の特徴は前置詞を使わないことだ。ロシア語は日本語の「〜は」「〜が」という主格以外の「〜と」「〜に」「〜によって」「〜について」などの格はそれに対応する名詞の語尾変化によって表現する。しかしデルスーは、それをしない。名詞は主語であれ直接目的語であれ間接目的語であれ「〜が」「〜は」に相当する主格しか使わない。だから彼のロシア語を聞く者は、名詞が主語なのか目的語なのか、動詞の時制は過去なのか現在なのかは、話の前後関係と目の前の状況から判断するしかない。

表1を見れば分かるように、デルスーのロシア語は言葉を覚え始めた幼児クラスのもので、文章の態をなしていない。一方で彼は「パスタヤンノ」（いつも）、「シープコ」（ひどく）、「チホーニコ」（そっと静かに）などかなり高度な副詞も知っており、語彙は必ずしも貧弱ではない。だが、粗悪極まるロシア語にも彼なりの法則性が感じられる。その法則性は母語であるナナイ語と関係があるのではないか、ナナイ語の文法・語法はこのように貧弱であり、デルスーはそれに合わせてロシア語を羅列しているに過ぎないのではないか――ここではそういう疑問がわく。以下、言語に関心のない人にはどうでもいいことだろうが、ナナイ語の世界を覗いてみる。

ナナイ人（ゴリド人）は、ツングース系民族つまりツングース系言語を持つ民族の一つだ。他にウデヘ人、エベン人、ウリチ人、オロチ人などがこの語族に属する。ソ連時代の一九七〇年の調査ではソ連に一万五人のナナイ人が住んでいたという。

ツングース語族の中のナナイ語の位置について、現地調査をした日本の人類学者の鳥居竜蔵が書いている。

「今日、ハバロフスク付近は、ロシア人を除けばゴリド人の分布地帯である。そもそもゴリドというのは、ツングース民族の一小分派であって、その分布は松花江（スンガリー）と黒竜江（アムール河）の合流地点のあたりから、ウスリー河流域を含んだハバロフスクのあたりに多く、なお黒竜江下流のソフィースクの上あたりまで及んで居る。その分布は非常に広い。

今日、ツングース民族は黒龍江一帯の流域に分布しているが、その中に於いてもこのゴリドが一番多いのである。彼らは此のごとく他のものよりも多く、かつ分布区域の広い所から、勢い彼らはツングースの中に於いての勇族である。その関係で、彼らの使っているゴリド語がツングース民族間の標準語となって居る。彼らはみな方言を有（も）って居るが、その方言が通じない時に、ゴリド語を以ってすれば各人の間によく分かるということになって居るくらいである」（「人類学及人種学より見たる北東亜細亜」）

ナナイ語は日本語に似ている？

ウラジボストクにある歴史・考古・民族学研究所の研究者によると、ナナイ語の専門家はサンクトペテルブルクに一人いるだけで、極東ロシアにはいない。研究員のアナトリー・スタルツェフ博士は「ニホンのプロフェッサー・カザマにきくといい。彼はわれわれより詳しいだろう」と言った。東京外国語大学の風間伸次郎氏である。ちなみにスタルツェフさんの専門は「先住民の生活と職業」。特にワナを使った狩猟に詳しく、網走で開かれたシンポジウムに参加したこともあり、論文のいくつかは日本語訳されている。（勉誠出版「アジア遊学」第十七号など）

スタルツェフ研究員はリディア・スィェム『ビキン・アムール地方ナナイ語方言概論』という本を貸してくれた。以下はこの著作に従って話を進める。

この方言を話すナナイ人は、表2の通りごくわずかである。スィェム自身「数の変動幅が大きいのは調査漏れの人が多いからだろう」と書き、参考値であることを断っている。

表2　ナナイ語のビキン・ウスリー方言を話すナナイ人

1884年	254人
1897年	477人
1915年	178人
1926年～27年	157人
1959年	289人
1970年	302人

表3　ナナイ語人称代名詞(主格)（スィエムの著書による）

		一人称	二人称	三人称
単　数	標準ナナイ語	ミ	スィ	ニョアニ
	ビキン方言	ビー	スィー	ナーニ(またはジャーニ)
複　数	標準ナナイ語	ブエ	スエ	ニョアンチ
	ビキン方言	ブー	スー	ナーチ(またはジャーチ)

（注）ビキン（ウスリー）方言のほか，参考までに標準語も添えた。

一方、同研究所で先住民の文化を研究するウラジーミル・ポドモスキン博士によると、現在沿海州に住む先住民は全部で六百人前後。うち約五百人はウデヘ人で、残りはナナイ人、オロチ人、エベンキ人などのツングース系諸民族だ。そのほかに先住民と中国人との混血者で中国語を母語として「ターズ」と呼ばれる人たちが約二百人住んでいるという。

ナナイ語の母音は日本では「エ」と表記されるべき音が三つないし四つある。これをポドモスキン氏に発音してもらったが、日本人の聴覚で聴き分け表記することは困難だ。またガ行、ナ行に関連して、鼻に息が抜ける「ング」と表記されるべき子音がある。「ズ」と「ヅ」に書き分けるべき相似た子音もある。のどの奥から出る無声音の「ハ」もある。文章の順序は、日本語と同じで「主語＋目的語＋述語動詞」だ。

デルスーのロシア語会話には人称代名詞の主格が出てこないが、ナナイ語にはこれがあるのか、ないのか。答えは「堂々とあ

表4　ナナイ語（ビキン方言）
（文例：ウラジーミル・ポドマスキン氏のご教示によるスィェムの著書に基づく）

ナナイ語 日本語	ビー　メン　テムチェンドゥレイ　エネヘムビ 私は　自分の　ボートのほうに　出かける
ナナイ語 日本語	ブー　ナーンドーニ　メン　ヂャカワリ　ブーグイフ. 私たちは　彼に　私の　物を　返す

る」。

表3の中の各項目の上に書かれたのが一般的に使われている。これらは日本語では「～が」「～は」として現れるべき主格の形である。目的語「～を」となる目的格や、何かを与える対象「～に」となる与格など六つの格に語尾が変化する。

デルスーのロシア語の動詞は二人称単数命令形の「～しろ」で、どの人称も過去形、現在形、未来形を押し通すという乱暴なものだが、ナナイ語の動詞には複雑な変化と活用がある。

スィェムによると、ナナイ語動詞の活用には直接話法、命令法、仮定法の三つがある。（以下は八六ページに断っているようにビキン方言の例）。

直接話法には現在・未来形、過去形、未来形Ⅰ、未来形Ⅱがある。現在・未来形は日本語にもある。「私は毎日学校へ行く」は現在形だ。「私はあす、京都へ行きます」は同じ表現でも未来形だ。

この形では「私は行く」は「ビー　エネンビ」だ。「君は行く」は「スィー　エネチ」、「彼は行く」は「ナーニ　エネ」だ。

複数形を見れば「われわれは行く」は「ブー　エネフウ」、「あなたがたは行く」は「スー　エネスウ」、「彼らは行く」は「ナーチ　エネレ」となる。もちろん過去形もある。「私が行った」は「ビー　エネケイ」だ。他の人称については省略する。

表4でナナイ語と日本語の文章を併記したのは、ナナイ語がしっかりした言語であることを示すためと、文章の構成や語順が日本語に似ていることを知っていただくためだ。名詞の語尾が変化するナナイ語は日本語より複雑な言語ともいえる。特に楽しいのは、擬音、擬態の比喩語が豊富なことだ。なおこれらの表現をまとめて表す「オノマトペア」という言葉はロシアの辞書にあるのだが、なぜか使われず、代わりに「形象語」という言葉を当てている。これをスィエムは次の五つに分類し列挙している。

①音を出す物の印象や響きの形象語。

犬のワンワン＝ゴンᵍゴンᵍ

子犬のクンクン＝ガクガク

カラスのカーカー＝ガークガーク

（以上のガ行の音はいずれも鼻音である）

コガネムシなどのブーンブーン＝キンᵍキンᵍ

木をたたくトントン＝クテフクテフ

ガ行の鼻音をはっきり利かせて「ガクガクガクガクガク」と早口で言えば、日本語の「クンクン」より子犬の鳴き声に近いことがわかる。またロシアのカラスは、日本のカラスが「カーカー」と高い声で鳴くのと違って「ガーガー」と濁った声で鳴く。ナナイ人はよく観察し敏感に聴いている。

②色と明るさを感知

だんだん暗く、黒く＝サハラサハラク
だんだん明るく、赤く＝フォルギャク
だんだん一点の形に＝チャイガ　オダイ
キラリと光って＝キルトイガ
キラキラ光り続けて＝キレイゲ
燃えて輝いて＝キウイゲ

③知覚作用を感知

ニコニコと＝イネムイネム
顔をしかめ、口をつぼめて＝ケチムケチム
そっと、気付かれず＝ドゥングレク
ほっとして＝ヘンウムセ

同述語動詞（～が～している）	同形容詞	同名詞（～する者・物）
ガハラ		ガキ
ヌゲールンデ（キラリと光っている）	ヌゲーリデン	
チャロンダ	チャグヂャン	チャキ（眼球白濁） チャーキ（モンシロチョウ）
ヘヘリレ		ヘヘリ（笑い上戸）
アムタシラ		
ペケシレ		
ロトリラ		

④気分の比喩語

もうろう＝ハオムサクハオンチョク

恐怖、緊張で口をゆがめて＝ボファルボファル

ドキマギ＝フィクフィク

どっきり＝ハム

音にビクッ＝ヘセル　タイ

びくびく、ぞっと＝デングシルデングシル

⑤外見状態の比喩語

べらべら＝ケンデルケンデル　タイ

毛皮獣がちらりと、さっと＝レクセリグデ

キーキー、ガシャガシャ近づいて＝チコリグダ

じっとして、ぐっと耐えて＝テフェム

突起して、盛り上がって＝ムグズム

煮えてグタグタ＝バイラム

多数を列挙したのはまず「ドキマギ＝フィクフィク」、「ニコニコ＝イネムイネム」のように日本

表5　ナナイ語（ビキン方言）比喩語の類縁語

ナナイの比喩語	意味	おなじみの日本語比喩語	ナナイ語の形動詞（日本語なら動詞連体形）
ガークガーク	カラスの鳴き声	カアカア	ガハイ
ヌゲーム	一瞬の光	キラリ	ヌゲールンディ
チャロンディ	白くなる様子	（なし）	チャロンディ
ヘーヘー	愉快に笑う様子	ゲラゲラ アッハッハッ	ヘヘリ
アムタク	甘っぽい感じ	（なし）	アムタシ
ペケウーク	熱くてたまらぬ	アチーッ	ペケクテレ
ロトルル	馬の鼻息	ブルルーッ	ロトリ

人も感じのわかる比喩語があるからだ。また明るさや光の具合の比喩が多様なのは、森の民にとって日常生活で細かい区別が必要だからだろう。狩猟は重要な生活手段なので、これに関する比喩語も多い。シカが「チラリ」と見えただけで逃げ去ったか、「じっと」して動かないかは大きな違いだ。

一方、「小高く＝ムグズム」などは日本語にはこれに相当する擬態語がない。「ニキビが『ポッと』できた」とか「岩が『ぽつんと』立っていた」は近いが、同じではなさそうだ。「だんだん一つの点に＝チャイガ　オダイ」は、野球でボールが目の前に飛んでくるような状態らしい。狩猟する時、遠くの不明瞭な物がだんだん一つの点になり、一頭のイノシシとなる、そういう状態を表すのだろうが日本語にこれに相当する表現がないのは、日常生活で不必要だからだろう。

ナナイ語の比喩表現が面白いので、さらに続ける。ナナイ人のニコライ・キレという言語研究者が自分の母語について、『ナナイの比喩語』という本を書いている。それによると、ナナイの比喩語は豊富多様であるだけでなく、名詞、動詞など他の言葉を派生させていることが分かる。比喩語は、ナナイ語がわいてでる源泉なのだ。

キレは比喩語を、その語源から五つに分類する。①擬音語②色・明るさの表現語③知覚表現語④心理感情表現語⑤外見表現語だ。

表5はカラスの鳴き声「カアカア」の擬声音「ガークガーク」、一瞬輝く「キラリ」の比喩語「ヌゲーム」、「甘い感じ」を表す「アムタク」などについて、それぞれの派生語を述べたものだ。

日本語との違いについて言えば、味覚や知覚についての比喩語はナナイ語の方が豊かだ。「ツーンと酸っぱい」「スーッと白くなる」などと言えば言えるが、「ツーンと甘い」という語法はない。「スーッと赤くなる」と言うことはできるが、適切な表現とはいいがたい。「チャロンディ」とは「白い色」の印象のみを表現する比喩語だ。

日本語の比喩語は、身辺を表現する時は「家がガタガタ揺れて、天井がミシミシ鳴り、棚の物がドサドサ落ちた。私はパッと立ってヨロヨロ歩き、バッと飛び出したが、家はガラガラドサリと倒れ、土ぼこりがバッと舞い上がった」などと多様多彩である。しかし味覚については、大いに甘ければ大声で「あまーい」と叫び、大いに苦ければ大声で「にがーい」と叫ぶ程度の表現しか持ち合わせていない。

もう一つのナナイ比喩語の大きな特徴は、簡単に動詞や名詞の語幹になるということだ。日本語に訳して言えば「カアカア」という比喩語から「カアカア鳴く」という動詞が派生する。日本語の場合、「ガタガタ」から「ガタつく」、「ビクリ」から「ビクつく」、「シンドい」から「シンドがる」などの動詞が派生しているが、動詞の接尾語を必要としており、ナナイ語とは相違する。

このようにナナイ語は精緻な言葉で、ロシア語の代名詞や動詞に対応する言葉はそろっているので、ナナイ人にとってロシア語の習得は特別むずかしいものではないはずだ。物語でデルスーの語りがロシア語の単語の羅列に終始するのは「デルスーを原始未開の民として設定したい」というアルセニエフの創作意図によるものだろう。

一九〇六年秋のアルセニエフの日誌に挟まれていた「ハンカ湖のカモ猟と大吹雪」の草稿の初めのあたりでデルスーが鳥を観察して「こいつ、なんでいそぐ。きのう、うごきなし。きょうあわてる。まあアムール、ホル、ビキンは雪だ」と独り言を言う。これがデルスー語の最初だろう。

それにしても、この草稿は何のため書かれたのか。筆者アルセニエフは冒頭に「一九〇一年の出来事だ」と書き出した後、これを横線で消して、「一九〇二年」と大書している。彼は一九〇〇年八月にポーランドからウラジボストクに赴任した。猟師部隊の隊長を命ぜられるのは〇二年だ。草稿ではいったん「一九〇一年の出来事」と設定したが、この隊長就任に合わせて書き直したのだろうか。時期は一九〇七年のシホテアリン中部探検の前か翌〇八年のデルスーの死の後だろう。アルセニエフは一九一五年ごろに物語に着手して、まず二一年に『ウスリー紀行』を出版しており、草稿を書いたのは着手の前だろう。

この考えについて、アムール地方研究協会のリリア・エルモレンコさんは「いつ書かれたか、私にはわかりません。本を出版する前かも知れないし、後かも知れない。だれも知りません。知っているのはただ一人、アルセニエフ自身だけです」。

つくられたデルスー像

それでは実際のデルスー・ウザラーとは、どんな人物だったのか。物語とはどんな関係にあるのか。ウラジボストクに住む作家で自然観察ガイドのウラジーミル・スビリドフさん（六四）はいう。

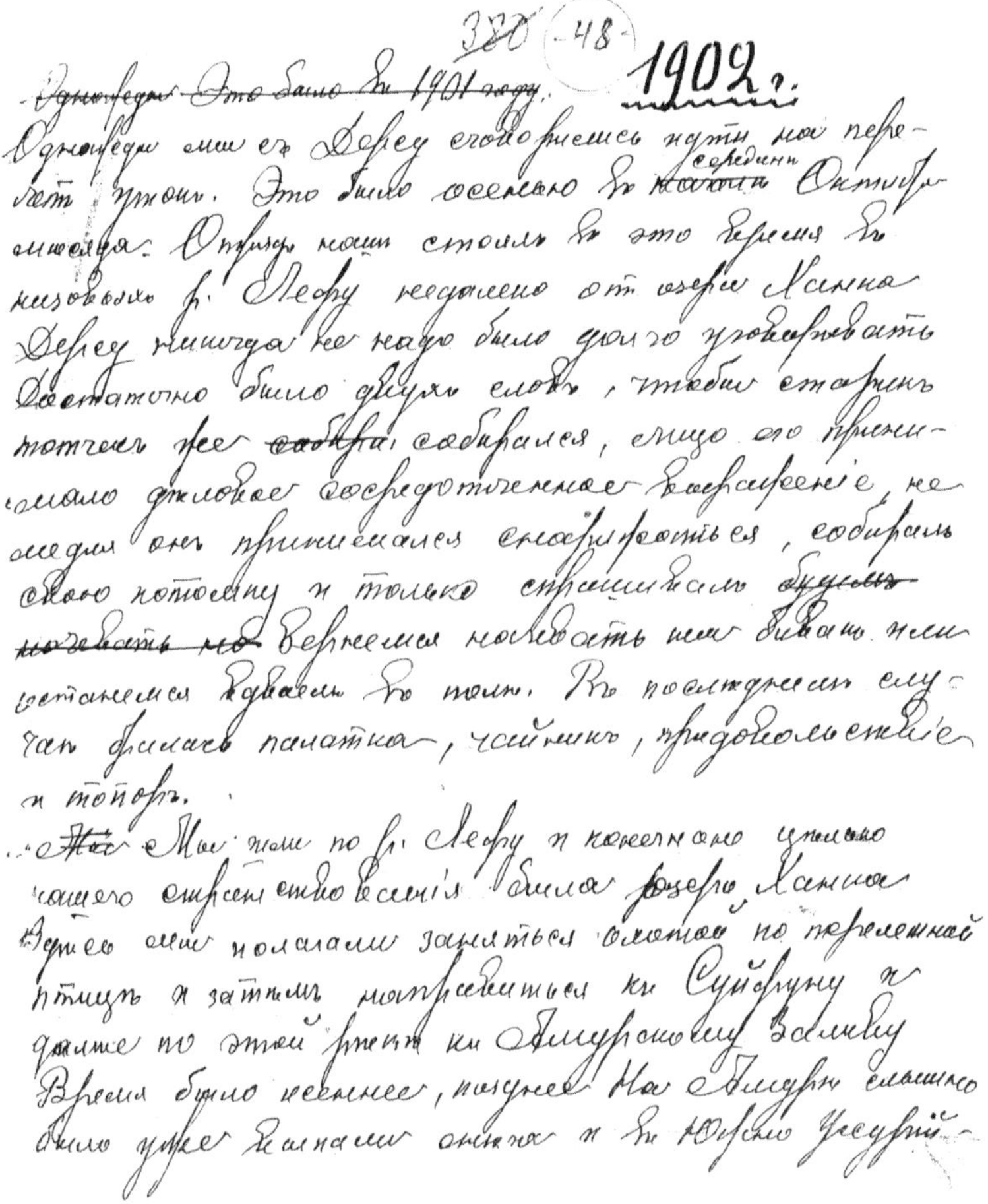
380 48

~~Однажды Это было въ 1901 году.~~ 1902 г.

Однажды мы съ Дерсу сговорились идти на перелетъ утокъ. Это было осенью въ ~~начале~~ середине Октября месяца. Отрядъ нашъ стоялъ въ это время въ низовьяхъ р. Лефу недалеко отъ озера Ханка. Дерсу никогда не надо было долго уговаривать. Достаточно было двухъ словъ, чтобы старикъ тотчасъ же ~~собра~~ собирался, лицо его принимало деловое сосредоточенное выраженіе, не медля онъ принимался снаряжаться, собиралъ свою котомку и только спрашивалъ ~~будемъ ночевать ли~~ вернемся ночевать или будемъ или останемся ночевать въ поле. Въ последнемъ случае брались палатка, чайникъ, продовольствіе и топоръ.

~~Та~~ Мы шли по р. Лефу и конечною целью нашего путешествія было озеро Ханка. Здесь мы полагали заняться охотою на перелетной птицы и затемъ направиться къ Сунгачу и далее по этой реке къ Амурскому заливу. Время было весеннее, погожее. На Амуре [illegible] было уже [illegible] [illegible] и въ Южно Уссурій-

アルセニエフの日記にはさまれていた「デルスーとのカモ猟」の一部分
「それは1901年のことだと」書き出して，「1902年」と書きかえられている

「実際のデルスーはロシア語を正しく話したし、都会生活も知っていたと思う。ハバロフスクのアルセニエフの家に住んだ時、公園の木を切って薪にしようとしたり、水売り人に怒ったりする話が物語に書かれ、映画にも出てくるが、たぶんそんな事はなかった。当時でもナナイ人やウデゲ人はウォッカを買うためロシア人と接触し、ロシア人の生活を知っていた」

一九〇七年のシホテアリン山脈北部の探検では、デルスーはシベリア鉄道に乗ってウラジボストクに着き、そこから水雷艇に乗って東の海岸へ上陸する。彼は荒れる日本海を平然と航行する。近代文明を知らない人物ではない。

ではどのようにデルスー像は作られたのか。ウスリースク教育大学で文学を教えるナタリア・プロトニコバさんの意見。

「アルセニエフは二十人ほどの道案内人と付き合いました。彼のほかにウデゲ人のスンツァイ・ゲオンカ、アレクサンドル・ナムカ。フョードル・ムリンカなどがいます。デルスーがアルセニエフと一緒にいたのは、わずか一年半ですが、スンツァイは十数年間、道案内人を務めました。デルスー・ウザラーという人物像は、これらの案内人たちのイメージの総合です。芸術的文学的創造の産物です」

スンツァイ・ゲオンカは一九〇七年の探検の終わりに近いころ、隊に加わり、アルセニエフが死ぬまで、アムール地方の探検に加わっている。アルセニエフ資料館には一九二八年に二人が一緒に撮られた映画が残っている。

では他の道案内人はどうだったのか。著書『タイガを通り抜けて』は一九二七年に、アムール河口に近いソビエツカヤガバニ周辺を調査した時の記録だ。その中でアルセニエフは、彼ら四人の道案内人を詳しく紹介している。

彼らの中で最年長は、オロチ人のアレクサンドル・ナムカだ。背は低く四十五歳。寡黙で静かな人物。目は小さく、髪はもう灰色になりかけている。ロシア語を話す時は、どの硬子

道案内人・ナムカ

道案内人・ムリンカ

音も軟音で発音した（先生をシェンシェイというのと同じ）。ヘマをやった時はうろたえ、戸惑いの薄笑いを浮かべた。

年が二番目はスンツァイ・ゲオンカだ。やせた体格で、背は平均より低い。彼は無為状態と張り詰めた行動が交互に表れる人物だった。金銭は何の役にも立たないように考え、目につく品物ならどんなつまらない物にでも金を使ってしまった。何かを私に説得する時、彼の顔は非常な肉体的難行を試みているようだった。優れたシャマンだった。亡き父からこの才能を受け継いだのだ。

年順で次はオロチ人のフョードル・ムリンカだ。中背で三十六歳。自然は彼に「黄金の手」を与えた。彼は優れた鍛冶屋であり、優れた狩人であり、銛でやすやすと魚を取った。また小舟の扱いについては最高の職人だろう。ほとんどしゃべらなかった。何かを覚えこもうとする時は、考えることに集中し、口をつぼめた。

四人目の仲間はプロコピー・フトゥンカだ。私は彼を子供の時から知っている。生まれつき知識欲が強く、ロシア語の読み書きを独学で身に付けた。仕事が好きで、素直な性格だ。やせて、ややガニ股なのに、重荷をかついで、長い道を歩き通した。まだ若いのにシャマンだった。

それぞれ才能と個性をつかんで書き分けているが、デルスーとは違う。初めて見たデルスーについて、アルセニエフは即座に日誌に記した。

「目は鋭く、賢さと勇気と誇りが息づいていた。われわれは彼に「何者か」と尋ねた。彼は誇らしげに答えた。『中国人ではない。ゴリド人だ』。」

誇り高い人、これが新しい四人にはないデルスーの特性だった。人間としての誇り、先住民であることの誇り。そしてタイガの中での他者への思いやり。物語の通り、彼が仮泊の小屋に食料、塩、マッチを残したことは、隊員メルズリャコフが後に証言している（「アルセニエフの遺産」）。「デルスー像」を作るにはデルスー一人で十分だ。他の案内人の何を付け加えて総合しようというのか。やはりデルスーはいた。

日本人は『ウスリー紀行』と『デルスー・ウザラー』に書かれたことを事実と受け止めている。映画を見た人もそれに近い。しかしロシア人は違う。彼らは二冊の著作を物語として楽しんでいる。アルセニエフの創作が加わっていることは、分かりきった事なのだ。アムール地方研究協会の責任者ボリス・シャドリンさんも「一九〇二年にアルセニエフとデルスーが会った事は絶対にない。この時期に描かれたデルスーは、アルセニエフの創作活動の一部です」。いまさら何を……という口調だ。

ソ連の作家マキシム・ゴーリキーは贈呈された『ウスリー紀行』に賛辞を寄せ、研究的価値を認めた上で述べている。

「あなたはブレームとフェニモア・クーパーを融合することに成功しました。これはまあまあの賛辞になりうると信じます。あなたが見事に描かれたゴリド人は『獣の足跡を追う猟師』であるよりも、芸術表現上の人物として生き生きしているように思われます」

ブレームとはドイツの動物学者アルフレッド・ブレーム（一八二九〜八四年）。クーパーはアメリカの作家ジェームス・フェニモア・クーパー（一七八九〜一八五一年）。アメリカ先住民を題材にした小説を書いた。代表作『モヒカン族の最後』はロシアで今も読まれている。ゴーリキーは「この本は学術書としてより物語として面白い」とほめているのだ。たぶんこの有名作家はこの第一作の虚実を直ちに見抜いたのだろう。

『森は生きている』の作家サムイル・マルシャークもデルスーをマーク・トゥェインの『トム・ソーヤー』や、ジュール・ベルヌの『十五少年漂流記』の主人公らと同列の人物とみなしている（アルセニエフ選集第一巻）。

「創作された物語でいいじゃないか」という声があるのも事実だ。タラソワの『アルセニエフ伝』にプーズィレフという人物の「それでいいのか」というロシア人の多数意見に対し次のような意見が載っている。

「小説という形式が研究的記述より優先し、二冊は科学的事実を誇張して扱っている」「基本的には二冊は文学的創作であり物語である。同時に民族学的事実の簡潔な記述や学問的描写があることを認めないわけにはいかない」

ではどんな思いがアルセニエフを駆り立てたのか。それは彼の老道案内人に対する愛情、尊敬、さらに重要なのは悔恨である。

一九〇七年の探検に志願して参加した工兵少尉補メルズリャコフの回想はすでに一部引用したが、全文は次の通りだ。

「デルスー・ウザラーは原始共産主義者だった。自然からの贈り物を頂いて活用するが、殺生を楽しんだり、無駄に命を奪ったりすることのない人物だった。タイガで遭難しかかった人のために、狩猟小屋に命の糧の食材とマッチを置いた」

小屋に薪を持ち込むデルスーを見た隊長が「小屋を焼き払うつもりか」と早とちりする。デルスーは取り合わず塩と米とマッチを求める――メルズリャコフの話は、この出来事に対応するものだ。

アルセニエフが一九二四年九月十四日付でボゴラスという知人に宛てた手紙（選集第一巻）がある。

「私は民族学の目で、ゴリド人猟師デルスーの自然崇拝的世界観を、そのまま書き留めました。これはまったく偽りのない人物像です。大勢の人が彼と知り合い、話をしました。たぶん、あなたはお気付きでしょうが私は原始共産制、タイガの倫理、大都会の文明に先住民の繊細さを詳しく書きました。デルスーが殺されたのはひとえに、私が彼を無理やりにタイガから引き離して都会に連れて来たからです。彼が死んで以来、私は自分を許せません」

デルスーはやはり他の道案内人と違っていた。後年、病んだアルセニエフは死の二カ月前に「早くデルスーのところへ行きたい」と書いている。

ロシアの人が「デルスーが創造された人物であっていいじゃないか」と事実の細部にこだわらないのは、彼ら自身、神秘的な物語が大好きであることも理由の一つだ。アルセニエフも例外ではない。タイガで時おり発生する不可解な現象を、彼は詳しく報告している。以下は『ウスリー紀行』一九〇六年八月十一日の記述だ。

一行はダーナンツァ河の上流で野営する。夕方の森はさびしく獣も鳥もいない。木は枯れて褐色で、あたりはコケだけが生えている。デルスーは「ここねる　わるい」と独り言をいう。そして、山に現れ漂う霧の塊を指さして言う。「あれも人とおなじ」。霧の塊は、道に迷って飢えて死んだ人がタイガを漂っている姿だという。続いて不思議な事が起こる。

「きけ、隊長」と彼は静かに言った。遠くから奇妙な音が響いて来た。だれかが木を切っているようだ。ついで完全に静かになった。十分間ほどして再び新しい音が空中を伝わってきた。まさしくだれかが鉄をガチンガチンと打ち鳴らしていた。ただしそれは遠いところでだった。突然、強い物音が森中にとどろいた。木が倒れたに違いなかった。

「あいつだ、あいつだ」とデルスーはおののいて言った。彼は森で死んだ人のことを言っていることが分かった。彼はさっと立ち上がり、怒りを込めた自分たちの言葉でタイガに向かって何かを叫び始めた。私はどういう意味かと尋ねた。彼は答えた。

「おれ　ちょっとどなった。あいつにいった。おれたち一晩だけここにねる。あしたはいなくなる」

ただ、木が倒れたのではない。無人のタイガに木を切る音がし、鉄を打ち合わせる音がして、木の倒れる大音響がある。古木が命尽きて倒れたということでは説明できない。

柳田国男の『遠野物語拾遺一六四』は、これとまったく同じ事を報告している。

「深山で小屋掛けして泊まっていると、小屋のすぐ傍の森の中などで、大木の切り倒されるような物音の聞こえる場合がある。これをこの地方の人たちは十人が十人まで聞いて知っている。初めは斧の音が、かきんかきんと聞こえ、いいくらいの時分になると、わりわりわりと木が倒れる音がして、その端風《はかぜ》が人のいるところにふわりと感ぜられるという。これを天狗ナメシともいって、翌日行ってみても、倒された木など一本も見当たらない」

アルセニエフと柳田に共通するのは、「なぜなのか」という分析を好まず、不可解なままにその存在を許容していることだ。アルセニエフの場合、奇怪な音を聞いた事は事実だと私は思う。

モスクワで発行されている「真実追跡」という雑誌の二〇〇一年十二月号に、セルゲイ・プレトニコフという人物が「何者が沿海州のタイガに住むか」という題で極東ロシアの奇妙な出来事を書いている。

「地元の人たちが『空飛ぶ人間』と呼ぶものがいるが、いったいこれは何だ。先住民は悪魔と呼ぶ。一九四四年、ナホトカ近くのエカチェリノフカの農場で、兵士六人が上官と作業していた。ある日の夕方、二人の兵士が食料を買うために馬車で村に向かった。三キロほど行った所で、光り輝く大きな球体が降りてくるのを二人は見た。球体が着陸した瞬間、女らしい者の胸を引き裂かれるような悲鳴が聞こえ、さらにその声は兵士に向かって接近してきた。彼らは馬車を捨てて、農場まで走った」

「昨年春、やはりナホトカ近くのティグロボイで、猟師四人が焚き火のそばで休憩していると、小さな池のあたりから奇妙な声が聞こえて来た。彼は銃とライトを持ち、犬二匹を連れて池へ向かった。池のそばに来ると犬はうなり、尻尾を巻き、猟師にまとわりついた。

池のそばには一メートル半くらいの人がいた。ライトに照らし出された者は大きい目と翼を持っていた。顔は人間で体は鳥だった。この『空飛ぶ人』は翼をひるがえし、木の間を飛びぬけて去った。だれも発砲する勇気はなかった」

同様な荒唐無稽の話が他に数編載っている。こんな話をロシアの人は信じるのか。極東大学の教師らに問い質してみたら、みんな笑って言った。

「信じるか、信じないかはあなたの自由です」

野暮なことはせんさくせず楽しみなさい……というわけだ。アルセニエフが事実の断片を集め創造でつないで物語にしたことは、ロシア人にとって極めて好ましい立派な仕事なのだ。

「私は旅や探検家が嫌いだ」という挑発的な書き出しで、レビ・ストロースの『悲しき熱帯』は始まる。「あのたくさんの味気ない些事や取るに足らない出来事を細々と語る必要があるのだろうか。民族学者の仕事の中で冒険は格別の意義を持っていない」（川田順造訳、中央公論新社）という。

この考えの正しさを、まさにその些事や取るに足らない出来事の羅列で証明した点に、この本の逆説的な面白さと筆者の腕の冴えがある。ストロースによれば、民族学は西欧あるいは先進国の自省と悔恨の学問である。「民族学者は、彼の存在自体が、罪の贖いの試みとしてでなければ理解しがたいものである」と彼はいう。さらに民族学者のおごりを戒めて語る。

「しかしながら、このように自らの手でわれわれ自身を弾劾するからといって、そのことは『時間と空間の特定の点に位置している現在あるいは過去のどこそこの社会に、われわれが優等賞を与える』ということを意味しない。なぜなら、そうすることによって『われわれが、もしその社会の構成員なら、その社会は許容できないものとして映るだろう』ということを無視することになるから」（二重かっこは筆者）

「西欧文明は歴史の発展の先頭に立ち、そこからの距離によって他の文明は評価されるべきだ」という思想がかつてあり、その方法として民族学や人類学が機能した時代があったことは事実だ。

その典型はヘーゲルの歴史哲学だろう。それは一つの論理的帰結であって、とがめるべきものではないのだが。

「われわれの信念は、理性が世界を支配するのであり、したがってまた世界史をも支配してきたという主張に立っている」（岩波文庫『歴史哲学』武市健人訳）とヘーゲルはまず主張する。アフリカ人について「特有の性格の把握は困難である。黒人の特徴は、彼らの意識がまだ一向にチャンとした客観性の観念、例えば神とか法律とかいうものの観念に達していない点にある」。そして奴隷制度について「黒人はヨーロッパ人のために奴隷にせられて、アメリカへ売られる。といっても本国における彼らの境遇は、もっとひどいもので、そこには絶対的な奴隷制が行われている。というのは、一般に奴隷制の根底は、人間がまだその自由の意識を持たず、そのために自分が物件になり、無価値なものに成り下がるという点にあるからである」。

黒人は人間以前であり、本国にいるより奴隷になるほうが幸せ――とヘーゲルは主張している。

ストロースの見解によると、西欧が自分の尺度で他の文明を否定的であれ肯定的であれ評価し位置付けることが問題なのだ。

隊員になったばかりのデルスーは、仮泊した猟師小屋を去る時、燃料、食料を用意し屋根を補修する。いったん「小屋を焼くつもりか」と仰天した隊長は、それが見知らぬ者への配慮と知って「この野性の男は、私よりはるかに高い人間愛の人だった」と感動する。

そして「旅する者への善良な思い、見知らぬ人のための気配りが、街に住む人々からどうしてこう荒廃消滅してしまったのか。そんな感情がかつては街にも存在したことは疑いないのだが」と感嘆する。

論文ではなく物語の中であるにせよ、このロシア陸軍の士官は、一介の道案内人である先住民猟師の倫理性が、自分たちの文明より高く位置付けられるべきことを知っていた。彼は民族学が先進社会の自省と悔恨の学問であることを直感的に察知していた。

美しい心を持つ人

デルスーは美しい心を持つ人だった。「森を行く見知らぬ者への配慮」と並んで、彼はもう一つの稀有の美しい資質を備えていた。それは「自然に対して自制すること」だ。

今から百五十年ほど前、この地方に中国人、朝鮮人、ロシア人が急激に進出してきた。そして野生動物を見さかいなく殺した。アルセニエフが赴任した一九〇〇年ごろには大虐殺は、すでにあらかた終わっていた。取りつくしたのだ。彼はノロという愛らしい小型のシカの運命について報告している。

秋十月、ノロは一部をハンカ湖の草原に残し、大群となってウスリーの森林を離れて、満州（現中国東北部）へ移動する。コサックたちは、このシカの大群が河を泳ぎ渡るところを探り当てて待ち伏せし、雌雄、大小の区別なく大量に殴り殺した。鉄道の敷設、ウスリー沿岸への入植と共に、このようなシベリアノロの大遠征は終わってしまった。川を渡る動物たちに対する大殺戮は姿を消し、今では大行進の記憶が残っているだけだ。

以下は『ウスリー紀行』が記す、一九〇六年の調査旅行も終わりに近いころの出来事だ。

　午後、二人の朝鮮人はジャコウジカを捕えるルーデ式罠の見回りに、タイガへ行こうとしていた。私も一緒に出かけた。罠は小屋の近くにあった。それは風倒木で作られた高さ一・二《メートル》の柵だ。朝鮮人たちは、木を掻き除けることができないように、柵を杭でしっかり固定していた。

　この罠は、山の中のジャコウジカの通り道に仕掛けられる。柵には所々に通り道のためのすき間があり、そこではロープの輪が待ち受けている。通り抜けようとしたジャコウジカの頭が輪にはまると、驚いたシカはもがき始める。暴れれば暴れるほど、輪は自分を締めつける。

　私が見たのには二十二の輪があった。朝鮮人は、その四つに死んだジャコウジカを見つけた。三頭が雌で一頭は雄だ。彼らは雌を引っ張り出して捨て、カラスの食うに任せた。「なぜ獲物を捨てるのか」ときくと「雄にだけ高価な麝香があり、中国の商人が一頭分を三ルーブルで買ってくれる」と彼らは答えた。肉は雄一頭があれば十分で、明くる日にも同様の獲物があるだろうという。彼らがいうには一冬の猟期に殺すジャコウジカは百二十五頭にも達するが、その七五％は雌が占める。

この見学で私は物悲しい思いを禁じえなかった。見渡す限り、これすべて略奪乱獲である。動物と樹木あふれるウスリー地方は、近い将来、不毛の荒野と化すだろう。

後先を考えず百二十五頭の野生動物を殺し、その七五％を捨てて「自然が自分たちの時点で終わっても構わない」と決め込んだ精神のすさまじい荒廃ぶり。

今、ウスリー地方は至る所が荒野と化している。トラは細々と生き延び、中国・ロシア国境のハサン地方に住むヒョウの将来は絶望的だ。荒廃はウスリー地方だけの話ではない。人間の自然に対する関係は、百年前の極東の森でロシア人が目撃した光景を拡大してきただけではないか。「雌ジャコウジカ殺し」は世界中で公然と行われている。

日本でも里山を地ならしして造成することを選挙で公約して当選する首長はいくらでもいる。愛知県の知多半島では「全国海づくり大会」の会場にするため海を埋め立ててコンクリートの広野にしたが、その後は使い様がなく放置され「あれは海つぶし大会だった」

と批判されている。三重県南部では「圃《ほ》場整備」と称し山を切り開いて畑にするつもりだったが、購入利用する者はおらず、約四十ヘクタールの山腹は草ぼうぼうの雑草原となっている。同じ知多半島で海上空港を造る事になった。地元の首長と議会は「里山をつぶし埋め立て用土砂として売り込もう」という考えに取り付かれ狂奔した。だが営巣した一羽のオオタカが里山を救った。救い手は人ではなかった。

関東平野の上を飛行機で飛ぶ時、里山を観察されることをお勧めする。村があり、その後ろに形のいい丘がある。先祖が守り育ててきた自然と人間の調和した風景がそこにある。しかし丘の上の里山は、これことごとくゴルフ場だ。惨状は目を覆うばかり。先を考えず「自然が自分たちの時代で終わろうとままよ」の山河に対する「雌ジャコウジカ殺し」だ。

地球温暖化防止で最も衝撃的だったのは、アメリカの上院議員が大挙して会場に乗り込み「炭酸ガス規制をやらせまい」と圧力を掛けた事だ。人間は世界中で精神の品位を捨て、誇りを忘れ、目先の利益だけにしがみつこうとしている。地球を対象にした「雌ジャコウジカ殺し」が進む。

デルスーをしてルーデ式罠に激怒させ、コサックたちの慰みのためのアザラシ撃ちを止めさせ、食べ残しの肉を捨てた探検隊長を怒鳴りつけさせた「自制」とは、どんな精神のあり方から生まれたものか。アルセニエフは「森の人　ウデヘ人」の中で書いている。

土地を分割し所有するということは、彼らウデヘ人には考えられない。なぜならば土地は人間も動物も平等の権利によって利用するものだからだ。

だれかがどこかに住みたければ、そこに住むがよい。最近二、三十年間にフンガリ地方でオロチ人の一団が遊牧を始めたが、この流域に住むウデヘ人はだれも抗議しなかった。逆の例としては、ウデヘ人の数家族がコッピ地方に移住してきたが、そこのオロチ人は、ウデヘ人がまるで昔から住んでいたように対応した。

ウデヘ人たちは互いに仲間同士では必要なものは全部そろっていることを知っているので、彼らの間に盗みというものはない。彼らの考えでは泥棒とは変質者である。同族の仲間は、所望された品を自分が持っている場合、それを所望する者にさっと呉れるのだから、どうして盗みなどする必要があろうか。だから彼らの家も貯蔵庫も鍵をかけるということはまったくない。小屋の入口の扉が風のために開かないように、また犬が迷い込んでこないように、木切れや棒で留められているだけだ。

この素朴な正直ぶりの何と感動的なことか。

「人として人に対して繊細な心で接する」ということが疑いのない習性として身に付いて

いるということだ。レビ・ストロースに見られるように、これは民族学者や人類学者が長年かかって理解した「当たり前の真実」だが、二十世紀の初めにこれに気付いたアルセニエフは先進性を持った研究者だった。

ここでデルスーが最初に登場した時の言葉をもう一度思い出してみよう。「ストレリャイ　ニエ　ナーダ、マヤー　リューヂ」と彼は叫んだ。リューヂとは名詞「人間」の複数形である。この読み書きのできない老猟師は「おれ　にんげんたち」といって現れたのだ。「おれはおれ」であり、同時に人間一般、人間全体なのだ。「おれ」は世界全体に帰属し、おれの精神は世界を包み囲み一体化している。「マヤ　リューヂ＝おれ　にんげんぜんたい」。こう叫んでみると心が軽くなる。

第三章　デルスー的な人に

表意文字を映像に

デルスーはどこだ。「おれ　にんげんぜんたい」と叫びたい人はどこだ。その候補の筆頭は黒澤明監督だろう。アムール州博物館の研究員、スベトラーナ・ルスナクさんが教えてくれた。

「クロサワは映画のシーンの一つで、自分の名前に相当する日本の表意文字を映像にしました。ご存知ですか」

私は即座に思い当たって「あーっ」と叫んでしまった。教えられた事実もさることながら、この啓示的な場面を、日本語のわからない外国の女性から言われたことに驚いたのだ。

映画の中で、デルスーが探検隊に参加して間もなく、話の滑らかな展開がいったん止まり、おだやかな空に二つの天体が浮かんでいる場面となる。デルスーは太陽を指さしてアルセニエフに説明する。

「あれ、いちばんえらい人」

つまり「日」と「月」を合わせれば黒澤明の「明」となる。これは遊び心の戯れではない。監督はデルスー役のマキシム・ムンズクをデルスーと一体化させ、そのデルスーをして「黒澤明は太陽と月だ。つまり、おれは自然そのものだ」と語らせているのだ。この話は他のロシアの人も知っていた。しかし日本で出たいくつかの黒澤明論で、このことを読み取ったものは見あたらない。映画を見ていると、ここで流れが滞り「このシーンは要らないのではないか」と感じさせるが、間違いだった。ロシアの人は映画が好きで、特に極東では中年以上のほぼ全員が、この黒澤作品を見ている。

ちなみにルスナクさんの父は、デルスーと同じナナイ人だ。今もハンカ湖のそばで年金生活しながら、狩猟を楽しんでいる。寡黙温和だが、狩猟についての面白い話を語って聞かせたという。

それにしても、タイガで仮泊させてくれたガリーナ・コズィレンコさんも同様だったが、ロシアの人は「先住民の出自」という重みのある事実を、初めて会った外国人にあけすけに、むしろ誇らしげに語る。日本ならこうはいくまい。この違いは何ゆえだろうか。

牛を食ったトラを憎まず

トラは神聖なばかりに美しい動物だが、獰猛な大型肉食動物でもある。時おり飼い犬や牛が食われ、まれには密猟者が殺される。住民はどう考えているのだろうか。

九〇年代の中ごろ、ウラジボストクの北東約六十キロのシコトボで、トラが放し飼いの牛を殺して食ってしまった。作家のウラジーミル・スビリドフさんが牛の飼い主の中年女性をビデオ取材した。女性は語る。

「生まれて六カ月の子牛を、森で放し飼いにしていました。その日は帰ってきませんでした。翌日、探しに行きました。その時はもう『トラにやられた』と覚悟していました。子牛はやはり首と尻を食われて死んでいました。次の日また行ってみると、牛は二十五《メートル》ほど引きずられ移動していました。ほとんど食われ、もう頭が残っているだけでした。トラは一度獲物を食べ終わると、また戻ってきて食べるということは絶対にしません。これは異常な行動です。もともとトラが人間の住むところに来ることは滅多にないことです。母トラと子トラが、ものすごく飢えていたのでしょうね」

「トラをどう思いますか」

「トラは美しい動物です。今も好きです。飼えるものなら犬やネコのように飼いたいくらいです」

「牛を殺されても、トラが憎くないのですか」

「どうして私がトラを憎むのですか。私たちはおなかが空いた時、豚を殺して食べます。その時『豚に憎まれるから食べるのをやめようか』などと考えません。それと同じです。飢えたトラが子牛を食べるのは仕方のないことです。トラと一緒に住んでも怖いとは思いません。アフリカの人たちはライオンと一緒に生活しています。それと同じです。一度、一九七六年にトラが人を襲ったことがありますが、それだけです。人間の近くに棲んでも人を襲うことはありません」

ここでも「日本人ならこう反応するだろうか」と考えてしまう。岐阜県で「カモシカによる被害の責任は、カモシカを保護する国にある」と林業者が集団提訴したことがあった。かつて、ある県の有力者で林業を経営する文化人と話していたところ、「カモシカもツキノワグマも、われわれにはただの有害動物だ。自由に駆除させろ」と、この人は公言したものだ。自然と人間のかかわりについて、「トラも、おなかが空いていたのでしょう」というロシアの主婦の度量には及ばない。

野性と共存避ける日本人

スパスクダリニーはハンカ湖の東にあり、シベリア鉄道沿線の都市だが、その近郊のガイボロン村で一つの丘を柵で仕切ってアムールトラが飼われている。動物学者ビクトル・ユージン氏の「トラ動物園」だ。同氏は密猟などで母を失った子トラを引き取って育てている。

ガイボロンは、海のような無人の草原に浮かぶ島のような丘である。開設して十年。二〇〇一年十一月現在、成獣の雌雄と子トラ二頭の計四頭がいる。ユージン氏がトラを飼う理由は「彼らを愛しているから」。すみかはナラの木の密生する里山で、木の葉やドングリが落ちてほとんど自然の姿のままだ。湧き水のたまりもある。

囲む金網は高さ約五メートル。それに沿って二本の電線が張られている。網の針金は野球場のバックネットより細い。トラがもし全力で体当たりすれば破れそうだ。月並みな質問だが、きかないわけにはいかない。

「トラが脱走する恐れはないのか」

ユージン園長は笑った。この質問には慣れているらしい。

「理論的にはその可能性はある。しかし現実的には全くない。トラを見てください」

これは論理的にはかなり誠実な答えだ。日本人なら「そんなことはありえません」と非論理の方向にあいまい化して、そらそうとする。

なぜ「現実的には」脱走の可能性はないのか。トラを見れば分かる。彼らは、ここを出ることを望んでいない。トラと人間との間の金網を距てて、鼻先五十センチほどの所を、トラがのそのそ歩いてゆく。彼らにとって金網の向こう側の人間は関心の対象ではない。犬もいるが、これにも関心は払わない。

子トラはじゃれ合い、木の枝をくわえて振り回すなど、自分で遊びを見つけて楽しんでいる。母トラの背に乗ったり、ぴったり後ろについて歩いたり。一方、父トラは落ち着きがなく、独り歩き回る。母トラに近付くと「ガオーッ」と威嚇され引きさがる。

ここのトラは凶暴獰猛という印象から遠く、瞬発力や攻撃性は感じられない。栄養がよく顔ののんびりした大型のネコが、ひまをつぶしているといった体だ。彼らはここにいる限り人間の猟銃におびえることはなく、獲物を探して歩き回る必要もない。毎日、散歩して昼寝して、子どもとじゃれておれば、夜の八時に牛、豚、鶏などの食事が振る舞われる。

その姿を見て思う。肉食獣にとって、これが理想の生活ではなかろうか。ライオンの雄がそうであるように、怠けている姿が大型肉食獣の本来の姿ではなかろうかと思えてくる。彼らは、好きこのんでシカやイノシシを追っているのではなさそうだ。トラ動物園の周りには百戸以上の家があるが、住民のあいだに特に問題はない。以下は、私が新聞社で働いていた時、見聞した日本での一例だ。

ある村で動物好きの人が私設動物園をやっていた。ゾウもライオンもいた。ゾウを柵の中で飼っていたが、近くの住民から役所に苦情が出た。「ゾウは脱走する危険がある。なんとかさせろ」というのだ。役所はゾウを鎖につながせた。ゾウは運動できなくなった。脚の鎖につながれた部分がすりむけて化膿し、ばい菌が入った。ゾウは死んだ。この柔和な動物の哀れな死に責任をとる者は、もちろんだれもいなかった。

ユージン園長の論理で現場を考えると、ゾウの脱走する可能性はゼロに近い。しかし「完全にゼロ」とはいえない。そこで役所は一〇〇%に近い「ゾウが脱走しない可能性」を捨てて「脱走する可能性」だけを選び、つなぐこと、つまりゾウの死を決め、その中間の選択、住民と園長が我慢し合うという関係を切り捨てた。その裏には役所の責任回避願望があらわだ。日本人は野生と共存できないのではないか。

都会を拒みタイガに移り住もうとする人もいる。ウラジボストクの東約百五十キロのアニシモフカにそういう家族がいて「自然を守ろう」と一家で作詞、作曲し、演奏していると聞いた。行ってみると、あいにく留守だった。すると三、四日して突然、親子三人が極東大学の寮にシンセサイザー持参で訪ねて来てくれた。木工家具製作者のウラジーミル・クジミンさん（四五）、妻のガリーナさん、娘のヤーナさん（一二）だ。

廊下の一角でミニコンサートが開かれた。ウラジーミルさんが作詞し、ガリーナさんが作曲して、ガリーナさんとヤーナさんが演奏し歌う。
「デルスー・ウザラー」という歌は、次のようだ。

ウスリーのタイガに住む魂よ／デルスー・ウザラー　デルスー・ウザラー／お前はこの地に魂を残した／草も木もお前にひれ伏す

今やお前を失いタイガは荒れる／デルスー・ウザラー　デルスー・ウザラー／だがタイガの空中をお前の魂は漂い／大地をやさしく温めるだれにも自然は分からない／だれも心を傾けない／デルスー・ウザラー　デルスー・ウザラー／森を守れとデルスーはわれわれに求める
生き物も川も言う／人間は考えてくれ　みんなのことを／守ってくれ　私たちの自然を／調和してみんな生きるために

夫妻はウラジボストクの市内からタイガに移り住んだ。

「ウラジボストクではすさまじい環境破壊、生態系破壊が進んでいる。増える自動車の排ガス対策は何もない。工場の排水も生活排水も全く処理せず海に垂れ流している。日本海のそばなのに遊泳禁止にしている。街は我慢できなくなり、十五年前にタイガに移り住んだ」

一家のテーマは沿海州の自然を守ること、地球を守ること、日本、中国、インドなどとロシアが友好を深めることだ。また歴史上の偉人を讃えることもテーマの一つだ。ローマ帝国の反逆者スパルタクス、ジャンヌ・ダルク、ピョートル大帝などを歌にした。日本からはなんと楠正成が「サムライ」という題で歌になった。

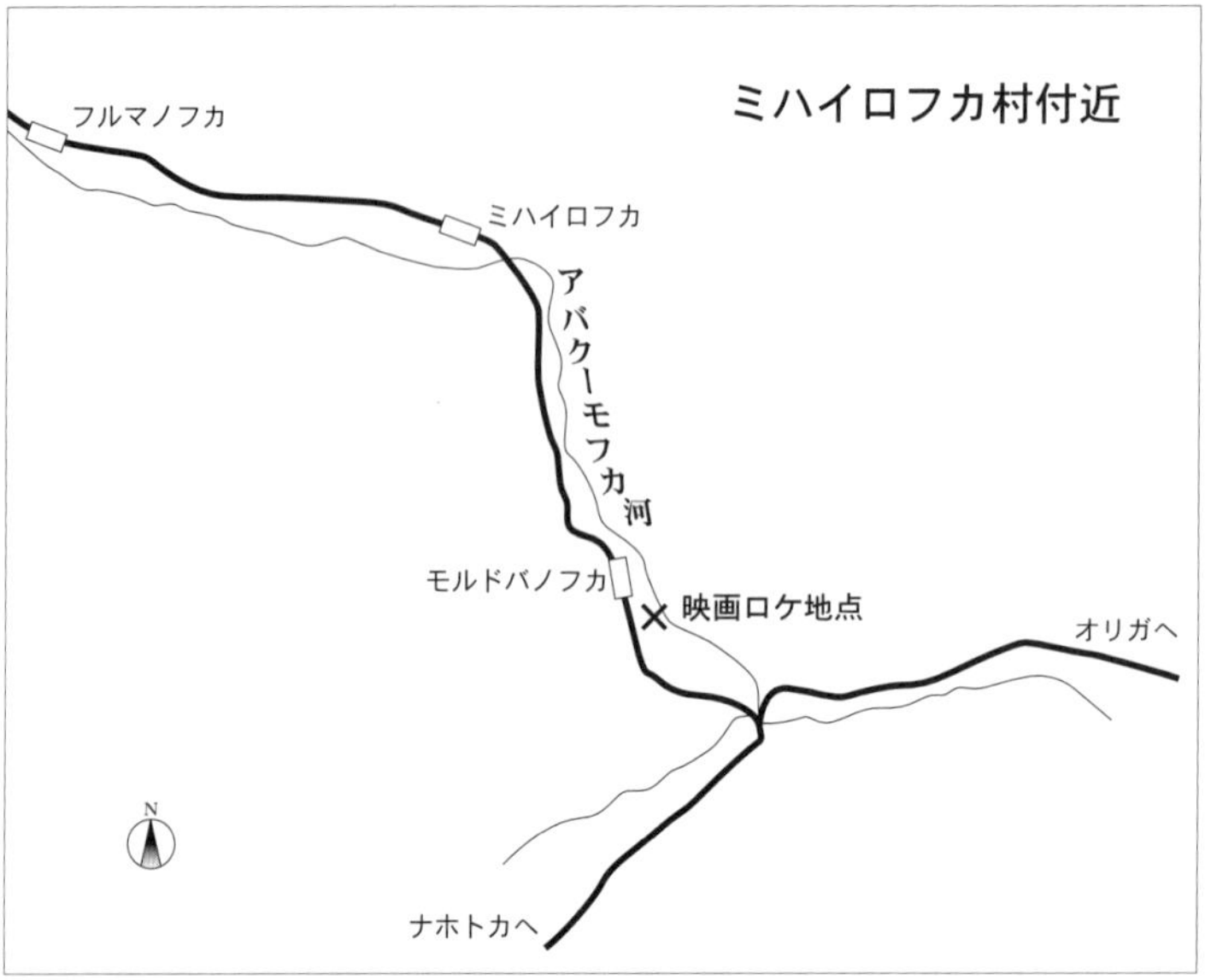

現代のデルスーを捜して

デルスーの真の子ら、現代のデルスーがどこかにいるのではないか。二〇〇二年三月下旬、私はそう考えてタイガに住む先住民を訪ねることにした。ウラジボストクの極東歴史学考古学民族学研究所の研究員ウラジーミル・ポドマスキン博士（六四）が案内してくれた。

ウラジボストクのバスターミナルを午後三時に出発したバスは、翌朝七時に東部海岸の町テルイに着いた。われわれは、ここから沿海州最北部のウデゲ人の集落アグズーを目ざした。ここから先は道はなく、ヘリコプター便があるだけだ。ヒッチハイクでやっと空港にたどり着くと、週に一便、定員十八人の大型ヘリコプターはすでに満席だった。「一週間待った人もいる。あなたも一週間待って下さい」と職員が言った。

われわれは南のミハイロフカ村にあるターズの集落に行くことにした。実はこれも大変だった。一日がかりでカバレロボまで引き返して一泊し、ミハイロフカに着いたのは翌日の午後三時だった。日本製の古いマイクロバスは途中の坂を登りきれず、客は歩かされた。だれも文句を言わなかった。

ターズとは元は漢民族の周辺先住民に対する、野蛮人を意味する蔑称で「韃子」と書いた。今では極東ロシアに住み、中国語を母語とする「中国人と先住民の混血者たち」を意味する。

ミハイロフカ村は日本向け木材の輸出港オリガから約八十キロ。アバクーモフカ河に沿う山村だ。戸数六十六。人口百七十人。うちターズは七十六人、ナナイ人二十人、シベリア中央の民族トゥバ人が一人、ロシア人六十四人。なお集計の日が違うので、二つの総数は一致しない。上流のフルマノフカ、下流のモルダバノフカに住むターズは一、二人だから、ここはまさしく「ターズの村」である。われわれはテレビ中継所の下の小屋を宿舎にした。

ミハイロフカは村といっても自治体ではない。村長も議員もいない。オリガ地方行政府

フョードル・ショーフカさん，息子のパーベル君とヤマネコの毛皮。この獲物は体調1.5メートルを超える大型猛獣だ

の支所があり職員が二人いるだけだ。その一人ゲンナジー・ザハレンコさんの父はウクライナ人、母のルー・チャンシンさんはターズだ。また父方の祖母はナナイ人だった。妻のナターリアさんはロシア人で、村でただ一つの小さな食料雑貨店で働いている。

　ザハレンコさんによると、村人の平均年齢は四十歳ぐらい。職業を持つ人はわずかで、成人男子のほとんどは失業者だ。また三十人は年金生活者だ。産業といえば狩猟だけ。樹木に囲まれた村だが、伐採は禁止され、薪を取るにも許可が要る。一方で、奥地では業者が許可を得て材木を切り出しており、それをオリガ港まで運ぶトラックやトレーラーが一時間二～四台のペースで村を走り抜ける。

　フョードル・ショーフカさん（三〇）の職業は狩猟だ。父はターズで母はウクライナ人。

十二歳の時から独習で猟をしている。ハバロフスクの基地でミサイルを担当するという兵役を務めた以外はここで生きてきた。物静かで余計なことはしゃべらないが、聞いた事にはためらいなく答えてくれる。絶えず話し相手に気を使っている。タイガでは精神を集中する。妻のスベトラーナさんは村の文化会館に勤めている。息子のパーベル君は四歳。

猟期は十一月一日から翌年の二月十五日までだ。一九〇一年～一九〇二年の猟期の獲物は表6のとおりだ。

表6　ショーフカさんの狩猟の成果（頭）（1901. 11. 1 ～ 02. 2. 15）

クロテン	22	リス	100
ノロ（小型のシカ）	2	チョウセンイタチ	1
ミンク	5	オオヤマネコ	1
タヌキ	1	ツキノワグマ	1
アカシカ	1	イノシシ	3

採集した植物など

ケードルの実	150キログラム
薬草エレウテロコック	20袋
シラカバの寄生菌チャガ（飲料・薬用）	20キログラム
アカシカの角	1（6キログラム）
チョウセンニンジン	32株・420グラム

ケードルとは英語のシダー（杉）のロシア風読み方だ。しかし杉の木ではなく極東ロシア独特の松の一種だ。「誤用が定着した」という辞書もある。ポドマスキンさんによるとケードルには小ぶりのシベリアケードルと太いチョウセンケードルがあり、実が採れるのは後者だ。

松ぼっくりの間に堅い種子がびっしり詰まっており、これが食用になる。秋には松かさごと街角で売られ、ロシアの人はヒマワリの種子などと同様に嗜好品として噛み割って食べる。松やにの香りがする。また、この種子は鳥や動物たちの好物であり、木の下には質のよいチョウセンニンジンが生えるといい、タイガでは最も大事な樹だ。秋に松ぼっくりを採集し、専用の機械で種子だけを取り出す。

チャガはシラカバなどに寄生菌によってできるこぶで、岩のように堅い。これを砕いて湯を注ぐと、タンニンの香るお茶になる。胃腸にいいという。

表7

各年に採集した1株で最大のチョウセンニンジン

1996年	116グラム
1997年	102グラム
1998年	110グラム
1999年	62グラム
2000年	26グラム
2001年	42グラム

チョウセンニンジンは強壮の効果があり脳を活発化するという。「四十歳以上の男性だけが飲むもので、女性や若い男は飲んではならない」という。良質のものは一グラム二・五ドルにもなるが、野生のものは限りがあり、ショーフカさんは小さい苗を見つけると、山中で移植し自分のチョウセンニンジン畑を作っている。この畑は「ショーフカのもの」として公認され、他の者が引き抜くことはない。同様にショーフカさんも他人の畑を侵さない。種子を取って播いても、芽が出るのは二、三年後だ。毎年、ミリ単位で成長し収穫するまでに二十年くらいかかる。**表7**はここ六年間で採集したチョウセンニンジンの最大株の目方だ。次第に小ぶりになっていることが分かる。かつては一株三百グラム、四百グラムという超特

大ニンジンを採集した老人の話が村に伝わっている。

ショーフカさんのタイガからの収入は冬の狩猟の獲物の毛皮などが千ドル、チョウセンニンジンが八百ドル、ケードルの実やチャガなどの雑収入が二百ドルで計二千ドルだ。円に換算すると約二十六万円。「冬は雪の中で動物を探し、夏はダニによる脳炎を防止するため予防注射を受けて山を歩く。その報酬としては高いですか、安いですか」とショーフカさんは聞き返してきた。安すぎる。

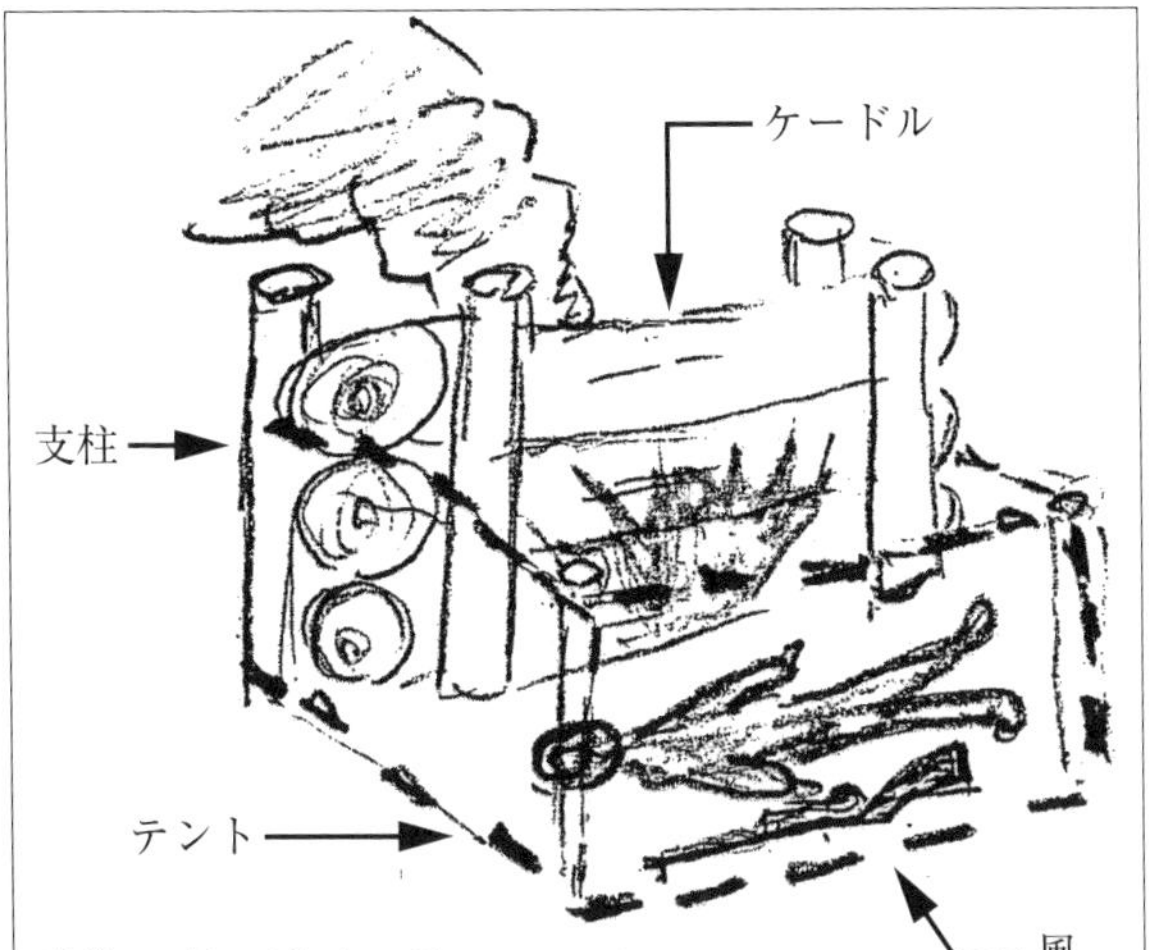

寒冷の夜のビバーグ(筆者描く)

「ロシアの都市バスは全線五ルーブル（約二十二円）、日本では二百円」という通貨の購買力の差や日本の物価高を考慮しても、猟師ショーフカさんの収入は低い。それでも村の文化会館に勤める妻スベトラーナさんの収入もあり、この働き者一家は村では恵まれている方だ。

制限されているのは猟期だけではない。

村の狩猟者には、それぞれの猟区が割り当てられている。ショーフカさんのそれは村のすぐ北の小さな谷だ。幅約五百メートル、奥行きは十・五キロ。ここのタイガに住む動物を狩り、チョウセンニンジンを探して掘る。

猟をする日は朝五～六時の暗いうちに家を出て、十キロ余の猟区を回って午後三～四時の明るいうちに帰るが、時には野営する。夏は松の小枝を敷き詰めてその上にごろ寝する。秋、冬には前ページの図のようにケードルを燃やし、風上をテント布で囲って寝る。上は覆わない。ケードルは一晩中燃え続ける。風上なので、煙でいぶされることはない。寝袋などの特別な寝具は使わない。

トラとはたびたび出会う。この冬も一度会った。近付けば互いに危険なので、遠くから威嚇の発砲をして遠ざける。トラの方から襲ってきたという体験はない。

欲張りすぎれば

猟の対象となる野生動物は有料である。日本では猟友会会長に相当する猟師たちのまとめ役バレリー・ノビコフさん（三九）の説明を聞いた。

ミハイロフカ、フルマノバ、モルダバノフカの三村で八十三人が狩猟の免許を持っている。免許の取得には二百ルーブルを払い、さらに毎年、百二十ルーブルの入猟料を払う。そして猟期が始まる前に、狩猟者は自分の猟区を見て回り、獲物一匹ごとの捕獲許可料を払う。その料金は**表8**の通りだ。

もし自分の猟区にアカシカが三頭いて「全部とろう」と思えば千八百ルーブル払う。その後「四頭いる」と分かっても、四頭目はとれない。この制度の妙味は、目標数の獲物が獲れなかった場合だ。三頭の許可料を払って一頭も獲れなくても、許可料の千八百ルーブルは戻ってこない。「欲張りすぎれば、かえって損をする」という巧みな仕組みになっている。アルセニエフは「『家族で食べきれる以上の肉をとってはならず、肉を捨ててはいけない』という先住民のおきてが野生動物を保護している」と述べているが、現在ではこの狩猟許可制度の抑制効果が、動物を絶滅から辛うじて救っている。

なおウサギなどの小動物を猟期内に獲ることは制限がない。またカモ、キジなど野鳥の猟期は春先の一週間だけだ。

ただしハクチョウ、ツル、ワシやタカの猛禽類、オシドリなどは狩猟を禁止されている。

ちなみにノビコフさんの猟からの収入は三万ルーブル（約十三

表8

一匹の捕獲許可料（ルーブル）	
アカシカ	600
ノロ	290
クマ	550
テン	20
リス	3

表9

動物の生息数	
トラ	4
ヤマネコ	15
ハイイログマ	15
ツキノワグマ	35
ジャコウジカ	100
ノロ	500
アカシカ	150
イノシシ	400
クロテン	370

万円）。これに猟友会長の報酬が月四百ルーブルある。仕事は年ごとの各狩猟者の猟区を決めること、密猟者を監視することなどだ。表9はノビコフさんが調べたアバクーモフカ河流域の野獣の推定生息数だ。

ペレストロイカで台なし

百人近い狩猟者がいることを考えると動物は極めて少ない。全員が狩猟で生活することは不可能であることが分かる。ソ連時代には政府が力を入れ、アメリカミンクを森に放ったことがある。今ではこの獣はウスリー地方全域に生息している。だが今は何もやってくれないので、野獣は当時に比べて激減したという。

「木の実やワラビを地元で加工すれば付加価値のある商品になる。それは分かっているが資本金がない。昔は政府が金を出したが、ペレストロイカで何もかも台なしになってしまった」

終わりの一言は、ロシアの至る所でいろいろな人が語ることだ。ペレストロイカは旧体制を総括精算せぬまま一気に転覆させた。このため旧体制の幹部は役所の重要ポストに残ったが、彼らは行政も経済も市民へのサービス事業であることが分からない。広場ではレーニン像や革命戦士像が市民をにらみつけ、アフガニスタン侵攻の戦死者はいまだに「祖国に命を捧げた英雄」として扱われる。市民はもっぱら自分と家族のことだけを考えている。プーチン大統領を「口先と格好だけの政治家」というロシア人は多い。こういう人たちは選挙では投票に行かない。選挙では圧勝した同大統領だが、こういう人たちの棄権も勝因の一つだろう。

朝鮮人は根こそぎ追放

ミハイロフカ村の主役は一九三〇年代まで朝鮮人だった。彼らが草ぶきの家に住み、農業をしていたことを、高齢の村人は知っている。だがソ連とドイツ・日本との緊張が高まった時、スターリンは、「彼らが日本に協力するのではないか」という幻想に駆られて、根こそぎカザフスタンに追放した。手荷物だけを持ち中央アジアまで貨車で送られた朝鮮人に住居は準備されず、大勢の老人や子供が道端で死んだ。これは、彼らの子孫が父や祖父の郷土を訪ねて来て、村人に語ったことだ。

一九三五年に、ここにマクシム・ゴーリキーという名のコルフォーズ（集団農場）が作られた。スイカなどの果物、トマト、キャベツ、タマネギなどの野菜、トウモロコシ、ジャガイモなど主食の素材。なんでも作った。

六〇年代のブレジネフ時代には、セロフィーモフスキー・ソフォーズ（国営農業）に改組された。国の支援で経営を立て直すことが狙いだった。この時代の特徴は、農繁期にはウラジボストクなどの都会から労働者や学生が応援に来たことだ。彼らは自炊し、無給で働いてくれた。そのための宿舎や炊事場も政府が建てたが、今は廃墟となり、コンクリートの土台だけが残っている。

ペレストロイカ後は支援体制を失い、ソフォーズ・ミハイロフ支部は一九九九年に解散した。二つの隣村の支部は残っていたが、それらも最近、破産宣告を受けた。畑の総面積は三九・一ヘクタルと狭い。ミハイロフカでは土地を約七十人の元組合員に分けることになり、各自の受け取る面積は決まったが「どこをだれに」という難問は未解決だ。

一軒の家が売りに出されていた。四部屋、ペーチカ、別棟のサウナ、裏に五十アールほどの畑がある。全てで四万五千ルーブル、約二十万円だ。

村民のほとんどが失業者

村の空気は平和あるいは沈滞。十二頭の牛、四百五十羽のニワトリが放し飼いだ。ほとんどが失業者で改善の希望は見えないのに、緊迫感はない。初対面の外国人である私に「スドラーストブィチェ（こんにちは）」と少女までもがあいさつしてくれる。昼間から酔っぱらっている人は一人もいなかった。たばこを吸う未成年者も皆無だった。実はこの二つは先住民の村では深刻な問題になっているのだ。

ポドマスキンさんはその理由を、ターズの温和で知的な気質に求める。もう一つは、家族や一族の関係が強いことだと思える。

フォードルさんらショーフカ一族の薪取りに同行した。一行は末弟のフォードルさんを含む五人の兄弟と子どもたち四人に犬一匹。薪を取る場所は、村から約三キロ離れたタイガの山火事跡だ。焼けて立ち枯れになりかかった木を切る許可を役所に金を払って獲得した。

チリェーガと呼ばれるトラック並みの大きな荷車に乗り込み、トラクターに引かれて現場に向かう。到着すると、おとなの二人がチェーンソーで大木を手早く切り倒す。残りのおとなが斧で枝を払う。年長の子がトラクターで木を引っ張る。他の子は輪切りにされた幹を薪割りであざやかに割って積みやすくする。三十分ほどのむだのない作業で、荷馬車はいっぱいになった。一族で一冬に五台分が要るそうだ。

食生活は質素だ。フォードルさん宅の夕食に招かれたが、自家製のピクルス、ケチャップ、ジャガイモ、ソーセージ、パンが出ただけだ。最後の二品以外は自家製だ。肉はなかった。他の家でも同様だった。狩猟の獲物の肉は猟期中に食べつくすという。一番おいしいのはリスの肉だ。クマの肉は寄生虫や病原菌がいるので食べない。われわれはフォードルさんのところで三回ボルシチを作ってもらった。最初の二回は肉なしで野菜ばかりだった。三回目は、こちらから肉の缶詰を渡して入れてもらった。

「親はターズ語を話した」

ターズの文化の特徴は、中国語系の言葉と葬送に表れる、とポドマスキンさんはいう。村でターズ語を知っている人は十人くらい。その一人、ワシリー・ウタイスィンさん(六四)を訪ねた。

親はターズ語を話したという。ウタイスィンさんは親に教えられて話せた。しかし両親は世を去り、それ以来、ターズ語を話すことはない。息子とはロシア語で話す。今では単語を覚えているだけだ。葬儀はマイェー、棺はクヮンチュウ、月はベーリャ、皿はラー、椅子はパンデン、机はトゥーザ、風はフン、水はスイ、中国語との関連をうかがわせ、日本語の音読みに近い言葉もある。

ターズの人たちがどこから来たのかは謎である。中国では王朝の交代のたびに周辺に移住して隠れ住む人たちがいた。沿海州は、その人たちの住み場で、遠くジンギスカンの中国制覇にさかのぼるという。十九世紀の沿海州は中国人密猟者の天国だった。たびたびロシアは取り締まったが、彼らはタイガの奥へ逃げ去った。このような人の子孫もターズに含まれているだろう。

ここを現地調査した東京外国語大学の風間伸次郎氏によると、彼らターズはかつてウデゲ語を話していたが、ある時期に漢語に切り換えた形跡があるという。

非ターズの村人にはウクライナ系の人が多いのも特徴だ。十九世紀にはオデッサ港からスエズ運河、インド洋経由、ウラジボストク行きの移民の定期船があった。革命後はシベリア開発の波とクラーク（富民）追放があった。

同行してくれたポドマスキンさん自身その実例だ。祖父母はウクライナの農民だった。汗を流して働き、耕地と家畜を増やし、十二人の子どもたちを養った。しかし一九三一年、スターリンはこのような一家から土地と家と家畜を取り上げた。

一家は極東はブラゴベシチェンスクから四百キロ離れたタイガに住まわされた。食料も衣服もなく、五人の子どもが死んだ。子らの世話をした長女は成人しても読み書きができなかったが、ウラジボストクに出て船員と結ばれ、カムチャツカの先住民の村に住んだ。そこで生まれた長男が、ポドマスキンさんだ。

無邪気な理解不足の贈り物

ある日、ミハイロフカ村へ数人の男女がウラジボストクからワゴン車でやってきて、

「アメリカの子らからミハイロフカの子らへの贈り物」という箱を村の文化会館で約四十人の子らに配った。そして板に絵を張ってイエス・キリストの一代記を語り、新約聖書をロシア語で読んで聞かせた。アメリカのプロテスタント教会の布教活動だ。

贈り物の箱には縫いぐるみ、色鉛筆、ヨーヨー、小型模型などが入っている。子らの年齢に応じており、同じ品はない。これは村人にとっては驚きだった。縫いぐるみなどに「中国製」のラベルがあった。しかし上級生向けには鍵付きの高級日記帳もあり、粗悪品のプレゼントではない。当然、もらった子らは喜んでいた。

だがアメリカのキリスト教団体は、ターズの村の子らについてどんなイメージを持ったのだろうか。少なくともこれは、貧しいなかでコンピューター六台を備えて授業する学校の子らへの贈り物としてはふさわしくない。彼らは「先住民の村」について「現代文明を知らない人たちの住む所」と考え、気前のよさによって、実は自分たちの無邪気な理解不足をさらけ出したのではなかろうか。ともあれ村人の試算では一箱十五〜三十ドルに相当し総計約九百ドルにもなる。この金額も村人を驚かせるのに十分だった。

児童・生徒たちは歌、ダンス、詩の朗読で一行の善意に応じた。子らは見事に歌い、激しく舞った。いずれもビートが利いて速いリズムの現代の若者向けの曲だ。ターズの文化にかかわるものは一つもなかった。

学校に行った。ロシアの教育制度は小、中、高十一年の一貫教育だ。アンナ・プリンスカヤ校長は二十六年間、ここで教師をしてきた。児童・生徒は四つの村で六十人。次第に減少している。うち三十二人がターズ、ナナイ人など先住民の子だ。先生は働く年金生活者も含めて十六人。うち三人が非ロシア民族出身だ。卒業した子らはウラジボストク、ハバロフスク、ペテルブルグなどの大学に行く。医科大学、水産大学などの単科大学へ行く者が多い。彼らは仕事のない村には戻らない。

先生のなり手がないのが悩みだ。村に自分の家を持って住まねばならないが、これがむずかしい。先生の給料は千五百〜四千ルーブル（約七千〜一万八千円）。

先住民の文化についての教育はしていない。「子どもたちへのターズ語の授業を望むか」と親にきいたら、みんな「要らない」と断った。「それよりロシア語と英語に力を入れてくれ」という声が圧倒的だった。

「かつて、ここへ来た中国人が『ターズの話す言葉は全く分からない。これは中国語ではない』と言いました。ターズ語は中国語の中でも特殊な方言です。固有の文法がないという重大な欠点があり、学校で教えることは不可能です」

純粋なターズの人は、容貌は日本人と同じモンゴロイドだが、よどみなくロシア語を話し、会話の途中で肩をすくめたり両手を広げたりする仕草は、ロシア人と同じだ。

ターズ文化が残る葬儀

ではターズ固有の文化はなくなったのか。「葬送の仕方にそれはある」とポドマスキンさんは言う。ウタイスィンさんらの話によると、ターズの人が亡くなった時、まず家で紙幣を焼き、その灰を故人の懐に入れる。このおかねの灰は「チャンフィー」と呼ばれる。

故人は頭部を白い布で覆われ、黒い絹の上衣とズボンを着せられる。親族は晴れ着を着る。喪服を着るという習慣はない。ただし男は白い帯を締め、女と子どもは白い布を頭にかぶる。棺は、かつてはケードルを刳りぬいて作った。厚さは十センチもあった。豆、菓子、トウモロコシ、野菜、焼いた肉などを容器に入れ、棺の中の故人の頭のそばか足元に置く。

日の出にあわせて葬ることが原則だ。もし間に合わなければ、家から墓地まで故人の目に太陽が当たるようにして棺をかつぐ。葬る時は頭を山側にし、顔が向かい合う山の頂点に向くようにする。「山そのものが故人の枕になる」という考えからだ。

故人をしのぶ儀式は七日目、三十五日目、百日目、一年目に行う。親族は墓前に菓子や軽食を供え、自分たちもつまむ。最近はウォッカを飲むようになった。

ロシア人の死者は顔を白衣で覆われ、黒衣を着せられる。参列の親族は黒い礼服を着る。

棺には何も入れない。日の出の埋葬という習慣はない。オリガから聖職者を呼ぶこともある。一同は墓前で聖書を読み、死者を召すことを天に祈る。七日目には親族は墓に参り、ウォッカを汲み交わし家で会食する。四十日目にも集まり、家で会食する。もう墓前には行かない。一年目も四十日目と同じだ。普通はこれで終わり。日本のような年忌法要はない。

焚き火にウォッカを注ぐ

ターズは紙幣を焼くが、亡き者のために物を焼いて贈るという習慣は、デルスーも実行した。一九〇七年のシホテアリン北部の探検の時、彼は焚き火を前にして物悲しく歌い、木の枝を削る。削り終わらずやめるので、木の断片は切り離されず、まくり上がり、王冠のようになる。北海道平取町のアイヌの人たちも同じ物を作る。ツングース系のオロチ人も同様のことをする。そして名称は国境を越えて共通している。「イナウ」である。

この夜のデルスーは木を削りながら、焚き火にウォッカを注ぎ、たばこや魚や米、肉や塩をくべた。前夜に夢で見た寒さと飢えに苦しむ亡き家族への贈り物だ。デルスーの叫び声に対して、亡き妻は鳥の声を借りて「受け取った」と答える。黒澤監督は、この場面を、前回の一九〇六年の探検の中に取り込んで再現し、見せ場の一つとした。

「釣りに行こう」とフョードルさんが、われわれの宿舎にやって来た。手ぶらである。それでどうして釣りができるのか。ついて行くと、どんどんタイガを行く。たえず下を見ている。突然、立ち止まり地面を詳しく調べる。そして言った。

「うん、きのう夜、ここでノロが寝た。三頭いた」

よく見ると、かすかに落葉の踏みしだかれた跡が三つあった。最寄りの家からわずか五百米《メートル》の所だ。ポドマスキンさんはノロの頭骨を拾った。立派な角が付いていて、収集品に十分なりうる。川辺の砂地でもフョードルさんは地面を調べて言った。

「タヌキが歩いた。その前をネズミが横切った」

タイガの狩猟者とは、まさに「動物の足跡を追う人」である。アバクーモフカ河は清流だ。中瀬を十五—二十糎《センチ》くらいの魚の群れがゆく。十米《メートル》くらい離れた所からそれを見たフョードルさんが「あれはマス。これはヤマメ。斑点がある」と見分ける。淵にきかかるとフョードルさんは姿を消した。五分ほどして戻ってくるとカワムシのサナギを十個ほど持っていた。せせらぎの小石の下で採集した餌だ。

「さて釣るか」

フョードルさんは再び姿を消した。現れた時は細くて長い柳の枝を手にしていた。ポケットから釣り針と糸とおもりを取り出して、手早く整え、餌のカワムシを針に付けた。釣竿が柳でなければならない理由は竿を握ってみると分かった。上の木の枝を避けて釣り糸を横ざまに遠く飛ばすには、柳の強靭なしなりが必要なのだ。三十分ほど試みたが当たりはなく、切り上げた。五月になると、魚はよく食うが、三月の今は最も食わない時期に当たる。ターズ流の釣りを見せてもらった事が大きな釣果だった。

森の人は物を大切にする

タイガに住む先住民の狩猟者といえば、日本人はどんな生活を想定するだろう。毎日、鉄砲を携えて、気ままに山を歩き、動物を見つけ次第撃ち取り、食卓には新鮮な肉がいつも供されている――そういう生活を私はうらやみと共に想定していた。デルスーやアルセニエフや探検隊員はそうだった。彼らは食後の気晴らしとしてノロを撃ち、ハチ蜜をあさるクマを「悪い人」と言って撃ち、海に浮かぶカモを腕競いの対象として撃ち、アシカの群れを何の利用目的もなく慰みとして撃った。ノロ、イノシシなどの肉をたんのうした。

だが今や、これは別世界の話だ。狩猟の民も猟期と獲物の数を厳しく縛られている。猟期以外に肉を食べることはない。獲物は減る一方であり、猟だけで生活水準を引き上げることは不可能だ。

しかしデルスーの時代と変わらぬものが二つあった。一つは、森の人々は物を大切にす

タイガから切り出され，オリガ港へ運ばれる木材。ほとんどが日本に輸出されている（ミハイロフカ村で）

ることだ。フョードルさんから瓶詰めの古瓶に詰めたピクルスやジャムを振る舞われたが、その都度、古瓶を返しに行った。ここでは空き瓶はごみではなく大切な器なのだ。デルスーもまた、山中の旅の中で捨てられるべき空き瓶を集めて背負い袋に貯えて、隊長を驚かせた。

二つ目はタイガに来た者への気配りだ。「部外者を排除したい」と思うものは一人もいなかった。「よく来たものだ。これを食べなさい」と揚げたてのピローグを差し入れてくれた婦人もいた。子らもまた、見知らぬ者への過度の関心は慎む一方、尋ねたことはきっちりと答えてくれた。見知らぬ者同士が道ですれちがった時、軽い会釈と、どちらからともなく「こんにちは」と声を掛け合うのは悪くないものだ。ポドマスキンさんは、ここの住民の温和で知的な自制ぶりに、その理由を求める。

売店の横の広場に衣料品屋さんが車を止め、服、かばん、造花、スポーツシャツを並べた。村の人は寄ってくるが、買う人はあまりいない。店主はぼやいた。

「オリガから来た。一年に一回の商売だ。しかしみんな見るだけで買わん。ガソリン代にもなりません」

黒澤映画に出た元運転手

ウラジボストクからバスで二日がかりという、このタイガの村にも日本と強いかかわりを持った人がいた。ビクトル・スィルさんは元トラクター運転手で五十二歳。三十年近く前、日本の女性の映画助手がやってきて「映画に出てくれ」と言われて、アルセニエフ市に行った。撮影は近くのタイガで行われた。アルセニエフらと、強盗団フンフーズを追うターズたちが出会う場面だ。

スィルさんの役は猟師の親分ジャン・バオの部下の一人だ。コサック兵たちが地に伏せて銃を構える前へ、スィルさんらが姿を現す。ジャン・バオともう一人がせりふをしゃべったが、スィルさんのせりふはなかった。監督は厳しかったといわれるが、スィルさんの見た黒澤はごくふつうの人だった。

下流の隣村モルダバノフカのアバクーモフカ河では、デルスーの乗った筏が流される場面を撮影した。デルスーは木につかまって辛くも助かり、筏は激流でバラバラになる。「クロサワは消防車五台を動員して、下流の水を上流に流して激流を作った」と地元の人は伝えている。現場は道路から五分ほど入ったタイガの中だ。川幅は十メートルくらい。「この狭い川でどうしてあの大場面が撮れたのか」と思わせる。

日本とのもう一つのつながりは中古車だ。村にある自動車は四十六台。そのうちロシア車はトラックも含めて十台。残りの三十六台は日本製だ。猟友会長のノビコフさんは小型四輪駆動車とワゴン車の二台を持っている。どの人にきいても日本の中古車の評判はきわめていい。

ロシア語、ビキン・ナナイ方言の校訂について

岡本武司さんとは、ロシアへの関心に共通している部分があってお知り合いになりました。私たちの交流は、岡本さんがお亡くなりになられる前の数年ほどでしたが、そんなご縁があって、岡本さんの遺著のロシア語とナナイ語の部分を校訂するよう奥様から依頼されました。ロシア語はともかくとして、ナナイ語は全く知りませんので困りましたが、著者が残されたナナイ語の文法書など三冊と、自分が持っているナナイ語の会話の本その他を参考にして、できるだけ正しく校訂するよう努力しました。

岡本さんが本書で紹介しているナナイ語は、九一ページで著者も断わっているように、ナナイ語にたくさんある方言のうちの一つです。ハバロフスク市に向かって南から流れ込むウスリー河流域あたりの方言なので、「ウスリー方言」とも呼ばれますが、ウスリー河畔の都市ビキン市の名をとって「ビキン方言」と呼ばれることが多いようです。標準ナナイ語とは少し発音の違う語が多くあります。この

「ビキン方言」は、本書のテーマであるデルスーが使っていた方言だと思われますから、著者がビキン・ナナイ方言を紹介しているのは適切なことだと思います。

なお、著者が紹介しているビキン方言の文例の発音については、スィェムの文法書にある説明に基づいて校訂しました。

岡本武司さんのこの著書は、デルスー・ウザラーのことを本格的に調べた、ちょっと珍しい本です。自然と交感できる能力を持ったデルスーの生き方には、都市化した文明に生きる現代人にはない独特の魅力があります。不遇な時期の黒澤明がソ連の援助を受けて映画化したというエピソードに興味を持っただけでなく、著者はデルスーの類稀な人柄に魅かれたのだと思います。

この本がきっかけになって、私たちがデルスー的な生き方を見直したり、あるいは、ロシア少数民族への関心が日本で少しでも高まったりすれば、さぞかし故人は本望であろうと思います。著者の志が達成できるよう少しはお手伝いできていればいいのだがと願いながら校訂しました。

市崎　謙作

第四章　その後

ツァーから指輪を与えられたが……

デルスーがハバロフスク近くの森で強盗に殺された一九〇八年は、アムール河以北をロシア領と定めた愛琿条約の締結五十周年に当たる。極東ロシアが記念のお祭り騒ぎで沸く中、地理協会はハバロフスク－インペラートルスカヤガバニ（皇帝湾）の間の調査を、ハバロフスク博物館長のアルセニエフに命じている。これは彼の生涯で最も危険で困難な長い十九ヵ月の旅となった。

一行はハバロフスクから小舟でアムール河を下り、ナナイ人の村のあるトロイツコエ付近から支流に入り遡行した。食料と銃を積んだ舟が転覆したため一行は飢え、忠犬のアリパを食ったことはすでに述べた。映画は、この旅から帰ったアルセニエフが「デルスー終焉の地」を訪ねる場面から始まっている。

一九一〇年四月にはペテルブルグに行き、標本をロシア民族学博覧会で公開する。皇帝ニコライ二世と四人の皇女タチアナ、マリア、オリガ、アナスタシアが見学に来て、アルセニエフの説明を受けた。標本のユニークさと多様さに感心したツァーは、その場で自分のダイヤの指輪を外して、この忠実な陸軍中佐に与えた。

当時もアルセニエフの身分はなお職業軍人で軍務が優先し、民族学の報告も世間では「一軍人の余技」でしかなかった。しかし制度上、職業軍人は名誉と義務を伴う社会身分であり、本人の一存ではそれを放棄できなかった。だがこのツァーとの会見後、アルセニエフは軍務を解かれ一民間研究者となる。ニコライ二世の個人的指示によりロシア博物館協会総裁のゲオルギー大公が下した例外的措置という。

新しい働きの場は農地所有の規制を担当する部局だったが、彼は首都に留まらなかった。このころ、友人に書いている。

「ペテルブルクの学者の間は策謀がいっぱいです。これでは極東の方がましです。学者の間には完全な結びつきがあるべきであること、共通の関心事への配慮があることを私は理想としてきたつもりです。しかし私は逆の事を見ました。ピーテルというやつ（ペテルブルク）は私の心に嫌な沈殿物をもたらしました。立身出世主義は人間の善良な感覚を吸い取ってしまい

ハバロフスク博物館長時代のアルセニエフ

ます。この『バビロンの都』に私は吸い取られかけましたが、幸い手遅れにならぬうちに正気に戻りました。そして自分の居場所である沿海州に逃げ戻ってきました」。（州博物館「V・K・アルセニエフ」）

何があったのか。彼に終生ついて回った「大学で民族学の専門教育を受けていない半素人」という中傷と関係がありそうだ。

だが戻ってきたウラジボストクでも知事のゴンダッチとの関係がうまくゆかなかった。一一年、アルセニエフは知事命令により船に乗り、オリガ湾に上陸する。目的は中国人、朝鮮人の密猟者を逮捕、送還することだが、彼らを運ぶ船の中国人船員から情報が漏れて、密猟者たちはタイガの奥に逃げてしまうなど、不手際が重なって失敗に終わる。

ゴンダッチ知事はモスクワ大学で民族学を学んだ初の文民知事で、「極東の専門家」を自認し「インテリ知事」という評判がほしかった。アルセニエフが軍役を退くと、知事は彼の保護者となった。だが長く続かなかった。この年、アルセニエフは探検家である友人シュテルンベルクにあからさまに書いた。

「問題はゴンダッチ、約束だけしてそれを守らないということです。彼は長々としゃべり、どんなことでも、だれにでも約束します。このため大勢が破産しました。つまり彼を信用して働いたあげく座礁しました。もっと悪いのは、彼が自分の約束を否定することです。これが私にも起ききました。ゴンダッチは私に『探検の費用を出す』と約束したけれど、私はだまされました。私は彼と三回談判しました。すると彼は金を出すことを約束しました。だが私はいまだにここに座って待ち続けています」

アルセニエフは優れた観察者で記録者である。同時に、デルスーとの初対面が示すように、相手の善意を素早く見極め、それに単純率直に反応する人だ。一方ゴンダッチはペテルブルクの官僚社会をしたたかに生きてきた人物だ。彼にはアルセニエフは、単純で性急な〝軍人あがり〟でしかなかったのだろう。

一九一七年、ロシア三月革命。立憲民主党のケレンスキー内閣成立。ボリシェビキ、社会革命党（エスエル）、アナキスト、帝政派の間の抗争が始まる。ウラジボストクでも集会やデモが続く。反帝政の革命派で非共産党勢力のエスエルがこの街では最も人気があった。三月十日に社会民主主義者たちが会議を開いたが、出席者二十人中、レーニンのボリシェビキは七人だけだった。

一七年十一月八日に「ボリシェビキが政権を掌握した」という知らせが届くと、状況は一変する。極東でただ一つ、ウラジボストクの地方ソビエトだけがボリシェビキを支持し、ネイブトが議長に選ばれ、軍事、行政、産業、教育を管理する〝文化人〟知事ゴンダッチも逮捕される。

「一兵卒どもの時代」

そんな中でアルセニエフは一七年六月以降、地方臨時政府の非ロシア人問題担当委員を務める。しかし非政治的でツァーからダイヤの指輪を贈られたこともある元ロシア帝国陸軍中佐は革命を嫌悪した。一九一八年元日の日記に書く。

「新しい年の最初の日だ。昨年は祖国に多くの不幸な出来事がもたらされた。到来した年はわれわれに何を与えてくれるのか。この『一兵卒どもの時代』が、彼らの全ての残酷な仕打ちや暴力と共に、一刻も早く終わってくれないものか」

だが「一兵卒どもの時代」は始まったばかりだった。ロシア全土が無警察状態となり、強盗や殺人が横行する。その中でアルセニエフの生家を残虐非道の犯罪が襲う。

両親、兄弟らは混乱を避けてウクライナの農場に住んでいた。鉄道官吏だった父クラウディ・アルセニエフはすでに年金生活者だった。一八年十一月二十四日の夜、強盗団が押し入り父、母ルフィーナ、弟クラウディ、その妻エレナ、妹のオリガとリディアの六人を惨殺した。アルセニエフは生家の肉親多数を一気に失う。

ウラジボストクでも白昼、軍服姿の集団が商店を襲い、倉庫の商品を奪い去るという有様だ。最高級ホテル「ベルサーリ」を四十人の強盗団が襲い、百万《ルーブル》相当の金品を奪うといった事件も発生する。港内には日本をはじめ欧米の軍艦が停泊し、上陸の機をうかがうなかで四月八日、貿易店「石戸商会」が襲われ、経営者の家族と従業員が殺傷される。日本軍はその数時間後に「居留民保護」を理由に上陸する。その手際のよさから見て「強盗殺人は仕組まれた謀略」という見方もある（原 暉之『シベリア出兵』筑摩書房）。

これらの干渉軍は白衛軍、シベリア経由で帰国するチェコ軍団、コサックなどを支援して革命派を弾圧し、一時は極東を征圧する。

そんな中でアルセニエフは一八年、極東人民ソビエトの命令でカムチャツカ調査隊のリーダーを務める。極東移民局がカムチャツカへの移民を計画したのだ。

十九世紀の極東ロシアを開いたネベリスコイやザボイコの足跡が残るカムチャツカはアルセニエフにとって特別な土地だったが、そこで見たもの

当時のカムチャツカの住人たち

は荒廃、自然略奪、人間同士の争いだった。
「村では人々は朝から夜まで働き続けている。男の子はおとなの手伝いをして樹の皮をはぎ、魚を取っている。ぶらぶらしている者、無駄に時を過ごす者は一人もいない。女の子も働いて母親を助けている。祝日には男たちは外で働かない。しかし怠けているのではない。彼らは家で斧を研いだり家具を修理したりしている」(選集第一巻)

しかし彼はロシア各地からカムチャツカにやってきたよそ者たちの飽くことを知らぬ野放しの無法ぶりに激怒する。

「怠惰、無作法、飲んだくれ」、「よそから来た連中は、なんでもかんでもかき集めて、略奪して故郷へ消えるという目的しかない」。「(彼らは)国家の財産を食い、国家の財産を着るということが習性になっている。それゆえ全く働かないか、働いてもノロノロ動いているだけだ。『盗賊ども　カムチャツカ立入禁止』と掲示すべきだ」(同)

離婚と助手との再婚

翌一九年、アルセニエフはウラジボストク人民大学の常任研究者となる。この年、二つの出来事があった。五月二十七日、妻アンナ・コンスタンチノブナと離婚。翌六月、助手のマルガリータ・ニコラエブナ・ソロビヨワと再婚する。

再婚した妻マルガリータと娘ナタリア

長男ウラジーミル（1910）

離別したアンナはペテルブルクの軍人を父とする美しい娘だった。一八七九年に生まれ、九七年に結婚した。初めてアルセニエフの部屋に行った時、飼育箱があり、夫がヘビやトカゲを飼っていることを知って肝をつぶしたという。アルセニエフは子供の時から爬虫類が好きだった。

一九〇〇年に長男ウラジーミル・ウラジーミロビッチ誕生。まず夫だけが赴任し、若い妻はその後を追い、赤子を抱いて極東までやって来た。なお一九〇二年には次男オレグが生まれたが、〇四年に病死している。

映画の終わり近くで、母子がデルスーをわが家に迎え入れる貞淑、美貌の婦人と利発な長男として登場するのは、このウラジボストク到着から八年後の話だ。さらに十一年後に、この離別があった。

新妻のマルガリータ・ニコラエブナは一八九二年生まれで、アルセニエフより二十歳若い。父ニコライ・マトベイビッチ・ソロビヨフはアムール地方調査会の会長でアルセニエフの支援者。長女のマルガリータはスイスで教育を受け英語、ドイツ語、フランス語を理解したという。この美しく聡明な娘は助手としてアルセニエフを助けた。

翌二〇年、娘ナタリア誕生。後年、死の直前のアルセニエフは「私の家庭と愛する家族が心配だ。家は心の安らぐ場であり、妻と娘は私の天国であり慰めだ」と告白している。

だがこの悲しみの別離と喜びの出会いは、後に二組の母子の生死を分ける。

一九一九年のもう一つの出来事は、日本の民族学者、鳥居竜蔵と会ったことだ。鳥居はシベリア出兵を人類学調査の絶好の機会ととらえ、記す。

「シベリア出兵の目的如何ということはともかく、余はこれによっても日本の勢力が此処まで及んで来ているということを感じてシベリア出兵があながち無意味でないことを考えたのである。これを利用するの如何ということは、日本人の任務であって、漫然とこの機会を看過して何ら利用することなくんば、シベリア出兵はその効果を齎らさないのである」（『人類学及人種学上より見たる北東亜細亜』）

鳥居にとって、干渉戦争の意味を問うことは念頭になく、極東ロシアのドアが開いた事に狂喜しているといっていいだろう。鳥居は出兵した日本軍の保護を得て捕獲された砲艦でアムール河をゆき、ハバロフスク地方のナナイ人を調査し、地元の博物館で研究者と意見を交換する。そして元軍人で民族学研究者のロパーチンという人物にアルセニエフを紹介され、ウラジボストクの博物館を訪れる。

「ハバロフスクの博物館は恐らくは東シベリアにおいて注目すべきものでありましょう。色々の物が集まっておる。これも地学協会の管理の下にあるものでありまして、ここに沿海・黒竜両州地学協会の本部があります。またもとの博物館長はアルセネフという人であります。氏はエスノグラフィー（民族学）の学者としてはシベリアで一番の人でありります。氏は今はここの博物館を止してウラジオに来ております。ウラジオの博物館の色々な事の説明はアルセネフ氏から聞いたのであります」（『東部西比利亜旅行談』）

「学者のことをちょっと申し上げます。ここ（ハバロフスク）にだいぶ研究家がおられます。まず第一はアルセーネフ。この人はエスノグラフィーの学者で、もとはここの博物館長であったが、今はウラジオに来ているから、ウラジオで私は大変世話になって色々便宜を得ました。（略）

この人の調査中、最も注意すべきことは、黒竜江からウスリー河畔における土人の分布図である。これには氏は自信があります。御承知の如くこれまで黒竜・沿海両州人種の分布図は、シュレンク氏のがオーソリチーとなっている。それについて先生アルセーネフ氏は『自分はこれに憚らない、ことにシホタアリンの東の方が間違っておる。一体シュレンクの本は名高いものであるが、だいぶ近ごろ非難がある、これはこういうふうに自分は改めたい』といっておった」（『西伯利亜の有史以前』）

当時、日本軍をはじめ干渉軍は、極東シベリア一帯で革命軍パルチザンと対決していた。ちなみに鳥居は反革命コサック軍団のアタマン（頭目）セミョーノフに招かれる。コサック軍人を父としブリヤートモンゴル女性を母とするこの人物は、ヨーロッパ戦線で従軍した後、戻って極東にコサック共和国を作ろうと考えていた。革命派には苛酷で容赦なく射殺したが、歓談した鳥居は「恐ろしいようにいわれているが、温和で話好き」と記している。鳥居の政治に対するかかわり方を推測できる話だ。なおセミョーノフは第二次大戦後、ハルビンで逮捕され処刑された。

その間にもアルセニエフの調査旅行や報告は続いた。

二〇年　東シベリアのコルィマ地方を調査。

二一年　日本の会社「久原」が、海獣の天国コマンドルスキー島の十年間租借を申し入れる。「借地者である日本は、やがて所有者になってしまう」と反対。

二三年「コマンドルスキー島で外国船による海獣大虐殺が行われており、島の保全と毛皮取引の規制が必要」と、モスクワの外務人民委員会に訴える。六～九月、この島とカムチャツカを視察。


革命軍、反革命軍の抗争は複雑だった。革命派の中でもボリシェビキと中道の社会革命党は、時には連携し、時には対立し主導権を争った。レーニンの党は極東では革命派諸党の一つでしかなかった。また反革命軍の指導者コルチャック提督は陣営をまとめきれず、全モンゴル民族の共和国を目ざすアタマン・セミョーノフとは対立しており、兵士が反乱する危険がつきまとった。

二〇年には反革命軍＝白衛軍の退潮は決定的となる。二月、コルチャック提督はシベリア中部で拘束され、イルクーツクの中道政府に渡され、銃殺された。大勢はほぼ決まった。

日本軍は革命軍、反革命軍に対して軍事的には「中立」であることを建前としてきたが、アムール河の河口に近いニコラエフスクでは、白衛軍と一緒に革命軍と戦っていた。二〇年二月には白衛軍を見放す形で地域和平協定が成立した。だが翌三月十二日未明、日本軍は革命軍を奇襲攻撃する。強い反撃に遭い、日本側の兵士、領事館員、在留邦人は全員、戦闘死か自殺。一部は捕虜となり後日、殺害される。日本ではこの事件は「暴虐なる過激派による日本人大虐殺」として大きく報道された。

その中で二一年、アルセニエフは最初の著作『ウスリー地方を巡って』（邦題「シベリア密林を行く」）をウラジボストクで自費出版する。後に本を贈呈された作家マキシム・ゴリキーが賛辞を寄せたことから、この本は全ロシアで読者を獲得し、ドイツ語版も出る。対立、憎悪、裏切り、殺し合いの時代に、人々はこの本のなかに安らぎを見出したのだろう。

アルセニエフの住むウラジボストクでも緊張は続く。二二年四月、市の中心部に潜伏していたウスリー地方の共産党の指導者、セルゲイ・ラゾが日本軍に逮捕される。身柄を引き渡された白衛軍は、彼らを蒸気機関車の燃える炊き口に、生きたまま投げ込んで焼き殺したという。

この年の十月二十日、ウラジボストク郊外のセダンカで、国民革命軍のウポレビッチと日本軍代表が撤退の協定書に署名し、日本軍は去る。これで列強のシベリア出兵は終わった。翌十一月十五日には、侵略に対する一時しのぎの緩衝国家として東シベリアに作られていた極東共和国が消滅し、ソ連の一部となる。四年間の戦乱で、極東ロシアは、金換算で六億ルーブルの損害を受けたという（州博物館「アルセニエフ」）。

二四年十月から一年間、アルセニエフはハバロフスク博物館長。新館長は一般市民や子供たちを相手に公開講座を開き、タイガの生活や探検の楽しさについて語ることを好んだ。以下は当時の館員が語った思い出だ（「アルセニエフの遺産」）。

「自然か冒険の世界に」

ある時、館長は小学生たちを相手に探検の話をした。話に魅せられた子らは自分たちだけで郊外のタイガの探検に出かけて行方不明になった。捜したところ、ハバロフスクの南方約三十キロのコルフォフスカヤで保護された。デルスーが殺された所だ。

親たちは館長に「あまり面白い話で子どもを刺激しないでくれ」と申し入れた。だが館長はスライドを取り入れるなどして、講演をさらに面白くした。同時に子供には「無鉄砲にタイガに入らないように。まず専門的な知識を身につけること、そしてしっかり自然を理解してから始めることが必要だ」と注意した。

そして言った。

「さてタイガに行く事がなぜ役に立つのでしょう。自分一人の関心でうろついても、それはただの勝手気ままで意味はありません。しかし地図を作ったり、植物や動物たちの世界を観察したり、役に立つ鉱物を探したり、宝物のような魚たちを観察すれば話は別です。そうする事が必要だし、また大いに役立つ事でもあります。自然の美しさは君たちの冒険の不思議な世界と化します」

この言葉は貴重な種子のように、みんなの心の中に宿り、すばらしい新しい芽となった。

アルセニエフは一九二六年十〜十一月、日本を調査旅行する。三週間で東京、大阪、京都、敦賀を回り歌舞伎座も訪れた。この調査旅行については、ユリー・オシポフという人物によって、一九二八年付で「秘密報告会の記録」が残された。①軍事情勢を民族移動の経過としてとらえている②日本のウスリー地方進出は必然である③日本とアメリカの戦争は避けられない——という点が特徴だ。マルクス主義史観や史的唯物論の用語を用いていない。

満州国建設を予測

報告はまず極東の十九世紀以来の歴史を眺めたあと、日本とアメリカの対立に触れる。

「今や喘ぎ喘ぎ状態のアメリカの資本は中国五億人の人口を唯一の市場と考えつつある。

一方、人口増加率が世界第二の日本は毎年六十万人も増え一八八二年に四千二百万人だったのが一九二五年には七千七百万人になった。豊作でも食料の二五％は不足する。そこで日本は大陸に植民地を求めた。朝鮮と隣の満州がそれである」

そして「ロシアの植民は黄色人の大地に打ち込まれた先細りの楔のようなものであり、その先端はウスリー地方である。朝鮮・日本の七千万人、さらに中国人を加えた地球の全人口の三分の一がこの地に目を付けている。これがソ連極東の位置なのだ」といい、その裏付けとして人口密度を比較する。

「サハリンでも朝鮮でも、日本は素早く進出し、道路と鉄道を建設し工場を建てた。そして日本人は列車や船便を、ロシアが自分の入植地でやっていたよりもずっと多く、またより規則的に運行させる」という。さらに鉄道計画の専門家でもあるアルセニエフは、ロシアのシベリア鉄道がほとんど支線を持たないのに対比して、日本が植民地で鉄道の支線を着々と建設することに注目する。また海上交通を地政学的に見て、「すべての航路は日本の手中にあり、航行の可否は日本のロシアに対する〝思いやり次第〟にかかっているに過ぎなくなる」と警告する。

さらに「日本がアメリカと戦争を始めたら、日本は北サハリンを占領し、朝鮮北部の清津地区に基地を作る。これで日本は太平洋側を封鎖されても後方維持に何の不安もなくなる」。

また「日本が満州を思うままに支配したいという願望は空想に止まらないだろう」と、数年後の満州国建設を予測する。日本旅行でアルセニエフは国を挙げての熱狂状態を体験したのだった。

さらに「日本は満州を思うままに支配した後、朝鮮を日本人だけの専用地域にしたいという願望を抱いている」。その結果として「アムール地方への中国人、朝鮮人の進出、南ウスリー地方への朝鮮人の移住があるだろう」と予測している。

これに対応して、ソ連がシベリアとヨーロッパからこの地方に移民を送り込むこと、国境地域のソ連国民を優遇すること、第二の輸送路として沿海航路を整備すること――などを挙げている。

これらの見解のすべてがアルセニエフの独創とは思えないが、「ひしめく空間に住み十分な食料を与えられない者たちが、隣の空疎な空間に浸透しようとするのは自然な衝動だ」という、政治、経済、軍事を生物的現象として考える〝浸透圧史観〟とも呼ぶべき見解には説得力がある。その後の歴史は一九四一年の日ソ中立条約まで、ほぼこの線で展開する。

二七年にはハバロフスク―ソビエツカヤガバニ間の鉄道計画のために現地調査するが、快いものではなかった。この年、日記に書いた。

「孤独とはどんなものか、やっと分かった。かつて探検に同行してくれた先住民たちだけが私の仲間なのだ。だが彼らももはや人生の舞台から去った。若い連中の性根は腐って堕落している。彼らは私のことを聞いて知っているが、私にとって彼らは全く異質の人間たちだ。彼らと私の間には何か障害物のようなものがある。互いの誤解もある。私は強い孤独感を感じる。全ては過ぎ去った」

探検旅行は三十年前にデルスーやジャンバオやコサック兵猟師たちと過ごしたような「楽しい緊張の日々」ではなくなり、初老の男と不可解な若者との打ちとけぬものになった。

二〇年代、元帝政ロシア中佐アルセニエフはずっと国家警察「オゲペウ」の監視対象だった。二六年には、ペトロフスキーという学生との会話に関してハバロフスクで取り調べを受け、告白する。

「『ロシア人は全て、いい加減でだらしがない民族であり、生まれついての無政府的人間だ』と言った記憶はあります。ロシア人は秩序や計画をわずらわしく思い、時刻というものをわきまえない。つまり、自制ということは全くしない。ロシア人を秩序の枠に嵌め込むには暴力が必要です。一九一七年以来、我々が目にするでたらめぶりはロシア民族の本性です。それは、どんな国旗の下でも変わらない現象です」

オゲペウに出頭

彼は要注意人物として月一回オゲペウに出頭させられた。所在の確認と行動の報告のためだ。生活はずっと苦しかった。二四〜二五年のハバロフスク博物館の館長時代は妻子をウラジボストクに残した単身赴任の二重生活となった。博物館事務室の一角をテントで囲って仮設住宅として貸し、収入を家族の扶養に充てたという。見かねた人たちが彼のために陳情した。

ロシア連邦研究者生活向上中央委員会殿

研究者アルセニエフに対する個人年金支給について

ロシア地学協会の有力なメンバー、ウラジーミル・クラウディエビッチ・アルセニエフは、二十七年間、極東の調査研究に力を注いできました。長い研究生活と、極めて困難な幾つもの探検の結果、彼は健康を害しました。医師の診察によると、日常的研究の能力を失っており、治療と休養が必要です。

アルセニエフの長年の研究は極めて有益であること、それが研究能力喪失の原因となったこと、また生活物資も不十分であることを考え、当委員会は彼に月二百ルーブルの年金が支給される事をお願い致します。

一九二八年七月二十五日

極東地方行政委員会委員長チュッカエフ

一九三〇年、鉄道建設の調査部局の責任者となる。自身もアムール河下流に出かけたが、病気となり八月二十六日にウラジボストクの自宅に帰り、病床に就く。友人のアリストフに宛てた、人生最後の様子と心境を語る手紙が残っている。それからは、生きる望みを失い、死を求めている思いがうかがえる。スターリンへの熱狂が進む中で、アルセニエフは、自分が永らえば、密猟者のルーデ式罠に落ちたシカのように捕らえられ葬られる事を直感していた。手紙は部分的に既に紹介したが、以下が全文だ。

親愛なるフョードル・フョードロビッチ

私には妻と十歳の娘がおり、妻には年取った両親と貧しい妹と、まだ大学生の弟がおります。また私の方には扶助している妹、世話しなければならない弟、そして友人（それは考え方や魂が私としっかり結びついたわずかな人たちですが）、そういう人たちもおります。もしこのような親しい者がおらず、私が独りぼっちであるならば、海綿に染み込む水のように私たちを浸す策謀や嘘や妬みや悪意を避け、街からも群衆からも遠く離れて、遥か彼方の山の中に消えたいです。三、四家族の先住民も来てくれるでしょう。私たち以外の者はだれも立ち入れず、だれも私たちを見つけることができない、そういう樹海、そういう辺境に私は去ります。

私の愛読書はキプリングの「プルーン・バガットの奇跡」（『ジャングルブック』の一篇）です。この中のプルン・ダスの考えはよく分かります。私の願いと密かな空想を盗み取ったのではないかと思えるほどです。

革命と内戦の時にはあまりにも多くの暴力があり、あまりにも多くの血が流され、そのため私の魂は割れてしまいました。そしてさらに強まる孤独を感じます。若い人には彼らが望むままの人生を築かせてやりましょう。

私の願いは自分の資料研究を仕上げて去ること、遥か彼方へ去ること、デルスーの元へ行ってしまうことです。もし私が何年か長生きし、「ウデへ人の国」、「ウスリー地方の古代」、「探検旅行者の理論と実践」という三つの研究を完成すれば、そしてまた娘をせめて十七歳で自立させられたら、人生に悔いも執着もないのですが。妻と娘は私の天国であり慰めです。

私は民衆にうんざりしてきました。彼らは何がほしいのか、なぜ彼らは他者に向かってあんなに激高するのか、私にはわかりません。これは集団的発狂です。私が今どんな気分なのか、それがあなたのお手紙の「おめでとう」という言葉にふさわしいものなのかどうか、自らの御判断をお願いします。こんにち、このような祝辞、賛辞、演説、花束などと暴力や人間侮辱とは値打ちが同じと見なされています。人々は、あれもこれも両方をやっています。

最初、私はロシアについて考えました。次に私はシベリアに興味を抱きました。そして思案の末に極東に辿り着きました。さらに私の世界像の範囲はウスリー地方と限定されました。最後の日々を私はウラジオストクで暮らしています。今思うのは自分の家と大事な家族の事だけです。もし私に家族がいなければ、私は先住民族たちの元へ行ったでしょう。

そして都会へも、精神異常者たちの元へも、また互いを拷問し合って「もっと痛めつけよう」と考えているような人たちの所へは絶対に戻りません。

無作法をお許し下さい。ペンが勝手に走りました。（州博物館「Ｖ・Ｋ・アルセニエフ」）

遺書である。心はもうデルスーのいる「あの世」へ飛んでいる。

一九三〇年九月四日、アルセニエフは自宅で死んだ。死因はクルップ性肺炎。自宅に戻った後、病院へ行く体力もなかったという。妻マルガリータは義妹のベラに書いた。

晩年のアルセニエフ

アルセニエフらの記念碑

「葬儀には街中の人が来てくれました。数千人が柩について歩いてくれました。ここ極東ロシアで、こんなふうに葬られた人はありません。至るところに夫の肖像があり、記念碑が建てられようとしています。が、私の悲しさはそんな事では消えません」

ソ連時代としては異例の事だ。アルセニエフは、自分の遺体をウスリーのタイガに埋葬してくれるように切望していたが、かなえられず、市内西南部の半島のエゲルシェリドに葬られた。一九五〇年代に「海の墓地」に改葬された。

日本人女性が見た暗黒の歴史

一九一八年元旦にアルセニエフは「一兵卒どもの時代の到来」を嘆き、その早い終わりを期待したが、社会は不気味さを深めていた。二〇年代には反革命派の摘発、三〇年代初めにはクラーク（富農）の追放があった。

「人民の敵」と見なされたのは働き者の農民たちだ。彼らは手荷物だけを許されて北極地帯、中央アジア、極東に送られた。ウラジボストクには、彼らを船でオホーツク方面に送り出す中継基地があった。シベリア鉄道を貨車で送られてきて、ここで降りた人たちは、日本海から吹く風に恍惚としたという。

そのころ箭《や》竹《たけ》米子という神戸市出身の若い日本女性がウラジボストクに住んでいた。在留邦人である伯母のヤスが一九二一年に一時帰国して立ち寄った時、まだ小学校上級生の米子は誘われてウラジボストクにやってきた。伯母の夫はロシア人の技師で名をクジマといった。米子はまじめで情愛の深いクジマおじさんによく懐き、クジマは米子を実の娘として扱った。米子は極東大学に進学。優秀な成績を修め卒業。西本願寺の布教活動をする福井出身の僧と結婚し浦塩本願寺に住むが、日独防共協定の後、帰国する。日本では満州派遣の使命が待っていた。敗戦の後、一児を失い帰国する。夫の郷里の福井に住み、ソ連・ロシアとの友好団体の役員を務めた。一九九八年には回想記「リラの花と戦争」を福井新聞社から出版。このうちウラジボストク時代の部分が、極東大学教師と日本人女性によってロシア語に翻訳された。ソ連の秘密警察とはどんなものであったか、スターリンの大粛正とは何であったかが日本の一庶民の体験を通じて語られており、貴重な資料だ。以下はそのロシア語テキストによった。

——二四年秋の深夜、米子は騒ぎに目を覚ます。ゲペウ（国家政治保安部）が銃を持って現れ、家宅捜索をしていた。何も得られぬまま捜索を終わった彼らはクジマおじさんに同行を求める。ヤス伯母さんが「なぜですか」と尋ねた。ゲペウの士官は優しい声で「心配はいりません。ご主人は朝には帰れます」と慰めた。米子はその言葉を信じて眠ったが、クジマおじさんは戻らなかった。

彼は一九〇六年に社会革命党（エスエル）から分離したマクシマリスト（最大綱領派）のメンバーだった。エスエルはレーニンのボリシェビキと共に反革命派と戦ったが、労働者の権利を最大限に主張し、テロによる労働者の政府樹立を目ざすマクシマリストは共産党政権に批判的だった。この夜、おじたちの仲間百十数人が一斉逮捕されたのだ。ある家族は衣服を差し入れに行くが「尋問が終われば帰宅させる。差し入れは無用」と断られる。

冬になりクジマおじさんたちは市内のペールバヤ　レーチカ（一番河）の奥にある拘置所に移された。ヤス伯母さんと米子は毎週、他の家族と共に寒い道を二時間歩いて差し入れに行く。だが時には理由を告げず「差し入れ禁止」となり、狂乱する家族もいた。

春になり仲間の一人シーモノフさんが釈放され、訪ねてきた。ボリシェビキは彼にマクシマリストを離れて自分たちに加わるように迫り、シーモノフさんは応じたのだ。彼は話しながら血を吐いた。重症の肺結核であることも釈放の理由だった。転向に応じなかった六十人はシベリアの収容所に送られた。

そしてさらに一年。クジマおじさんは髪を伸び放題にして戻ってきた。シーモノフさんが駆けつけた。二人は抱き合い、何も言わず泣き続けた。おじさんも耐え切れずマクシマリストからの離脱を表明したのだ。ボリシェビキに加わらないことが、せめてもの抵抗だった。

不可解な話もある。米子らの知り合いにマサおばさんという日本人女性がいた。夫はデニヤコスというギリシャ系ロシア人だった。航海から帰った彼は話を聞いて「スターリンに直接掛け合う」と言ってモスクワに出かけて戻らない。マサおばさんも姿を消した。ある日、友達の家を訪ねた米子は、醜く厚化粧をして日本人船員と戯れるマサに出会う。彼女は売春婦になっていた。

デニヤコスは一年後、乞食のようになって帰って来て語る。「金がなくなり、野宿して五、六カ月待ったが、クレムリンでスターリンに会えた。彼は話を聞いてくれた」。信じる人はいなかった。彼は妻マサと共に姿を消す。

極東大学で学ぶ米子も、卒業を控えて恐ろしい体験をする。

――その日も米子が極東大学からピアノ塾へ急いでいると、繁華街のレーニン通りで、見知らぬ若いロシア人が愛想いい微笑と親しげな声で呼び止めた。警戒する日本娘に男は身分証明書を見せた。ゲペウの一員だった。彼は微笑を絶やさず、礼儀正しく、彼女に本部への同行を求める。「何のために」という質問には「私への命令はヨネーコさんに本部に来てもらう事だけです」と答えた。結局、米子は行かざるを得なかった。ゲペウは後からついて来た。

本部では別の男が机にピストルを置き、震える娘を「心配要りません」と親切そうに慰めて言う。

「ヨネコさん、あなたは優秀な学生です。卒業まで一年ですね。その後は働かず、モスクワのアカデミーで勉強しませんか」

意図の分からない話に日本娘は震え続けるだけだ。

「どうしました。なぜ黙っているのですか。気楽にしてください」

娘は力を振りしぼって言う。

「それならピストルを仕舞ってください」

「すみません。あなたを怖がらせるためではありません」

相手はピストルを引き出しに仕舞って言った。

「これで対等に話し合えますね」

ゲペウにとって全ては手順通りだ。彼らが「日本人の間でスパイをしてくれ」と望んでいる事は薄々分かったが、そうとは明からさまに言わない。米子が断ればクジマおじさんに不利になる事をほのめかす。彼らは弱点を知りつくしている。そして最後に、日本人の家に出入りして親しくしているロシア人を通報してくれるよう求める。スパイ活動を受け入れた日本人の記録も見せる。彼女も知っている邦人社会の有名人たちだった。

米子は泣き出しそうになるのをこらえながら、三日後に返事すること、それは「ダー」（はい）の返事であることを約束させられ、帰ることができた。「疲れました。あなたのような頑固な人は初めてです」と相手は言った。

三日目、気が狂いそうだったが、米子はゲペウ本部へ行かなかった。「尾行者がいないか、呼び出しがないか」と怯える日が続いたが、何もなく終わった。ゲペウは米子の頑固ぶりを見て「スパイ活動は無理」とあきらめたらしい。米子はゲペウに勝った。

一九三六年十一月、日独防共協定が成立。「日本はわれわれを切り捨てた」とウラジボストクの邦人たちは考えて動転した。東西の二つの強国がソ連に対して敵対宣言をしたの

戸泉（旧姓箭竹）米子さん。90歳（2002年5月29日，ウラジボストクのホテルベルサイユで）

であり、狂乱するスターリンが在留日本人に対して報復に出ることは必至だからだ。

すぐに一斉に家宅捜索があった。浦塩本願寺では八百ルーブルが入った賽銭箱が押収された。貨幣隠匿という犯罪であり、夫は禁固一年の刑を受ける。米子はビザを延長されず、日本に帰る。続いて夫は伯母と帰ってきた。

クジマおじさんは「反ソビエトテロリスト組織員」として三八年四月に銃殺、同じ年、デニヤコス・マサ夫妻も銃殺、米子のロシア語の先生で聡明誠実な極東大学の日本研究者フォークリン教授も「日本のスパイ」として銃殺。これらの消息は一九九五年、米子が解放されたウラジボストクを訪れ、やっと分かった。

マルガリータ夫人の銃殺

アルセニエフが葬られて三年半後の一九三四年春、マルガリータ夫人は内務人民委員部（ＮＫＶＤ）に逮捕された。「一九二三年に夫が作り指導する反革命組織に加わり、スパイ活動をした」という疑いだ。「自白しないと娘のナタリアを年少犯罪者の収容所に送る」と言われた夫人は屈して反革命活動を認める。

拘置中、夫の弟のアレクサンドルに宛てて、新聞の余白を使って手紙を書いた。

「私は『バロージャ（アルセニエフ）が組織し指導した日本とドイツのための反革命スパイ組織で活動した』という疑いをかけられています。私が自白しなければナターシャ（ナタリア）は取り上げられ幼年刑務所に送られます。ナターシャを助けてください。だれかの所へ隠してください。私がどこへ送られようと、それは嘘の自白を強制されたせいです。ゲペウはスパイ活動問題に集中しています。耐えられるかどうか分かりません。彼らはバロージャに不利な証言を私から取るために何でもします。私の結婚指輪を預かって下さい。バロージャの墓と日記を守って下さい」

翌三五年、夫人は釈放される。逃れたかに見えたが、彼らの完全な勝利だった。

一九三四年十二月一日、レニングラード（現サンクトペテルブルク）州委員会の第一書記セルゲイ・キーロフがスモーリヌィの中の執務室を出てトイレに行き、戻ろうとして廊下に出て階段の踊り場を通り過ぎ、左へ枝廊下を曲がった時、階段を上がって来た男が追いついてピストルを発射した。キーロフ即死。

キーロフは党内抗争ではスターリンを助けたが、党員の間には彼に対する期待と人気があり、彼をスターリンに代わる指導者にしようという動きもあった。なお犯人ニコラエフは一カ月半前、ピストルを持ってキーロフに近づき調べられた後、放置されている。その男が、ピストルを持って党の建物に入り階段を上がり、トイレから出たばかりの重要人物に追いついた事を偶然では説明できない。真相いまだに不明だ。なお警護責任者は急死している。

ともあれ人気者キーロフは死に、「犯行は反対派の陰謀」とされた。スターリンは直ちにテロ事件審理の迅速化と極刑の督促を決めた。大粛正の始まりだ。

赤軍の最高幹部やレーニンの盟友たちが次々に逮捕され、反革命活動やスパイ活動を自白し銃殺された。

その時の雰囲気がどのようなものであったかは、ソルジェニーツィンの『収容所群島』を始め、多くの書物が証言している。私の考えでは、作家イリヤ・エレンブルグがスペイン市民戦争から戻った時の記録（『わが回想』木村浩訳）が、この時代の実感を端的に伝えていると思う。主だった者は次々逮捕されて銃殺され、残る者たちは、職場の椅子に座っておられない状態だった。

——モスクワに戻ったエレンブルグはアパートのエレベーターの中の「トイレットに書類を流す者は処罰される」という布告にびっくりする。エレベーターガールは、理由を教えてくれなかった。妻に知人の消息を尋ねると、彼女は無数の名を挙げ、その一人ひとりについて「逮捕された」と付け加えた。翌日、エレンブルグは「イズベスチア新聞社」に出かけた。社内の執務室に部課長の名札が掲げられているものだが、いずれも名札のケースは空っぽだった。「名札を掛けても、何にもならない」と女子事務員が説明してくれた。今日部長になっても明日には逮捕されてしまうのだった。

一九三七年四月には内務人民委員部（ＮＫＶＤ）の特別チームが「極東の社会主義の敵の摘発に力を貸す」という名目で、大規模逮捕の督促に、ウラジボストクへ乗り込んできた。まず沿海州軍団司令官のフェチコ逮捕。続いて極東大学の教官十二人を含む学者、研究者約四十人、技師や産業関係者数十人も逮捕された。

夏にはマルガリータ・アルセニエフ夫人再逮捕。一年間拘禁されて、翌三八年八月二十一日にハバロフスクの軍事法廷で審理があった。彼らは証拠捏造のため何でもやった。教会の儀礼簡素化に反対して山に隠れ住んだ旧信徒といわれる人たちがいた。アルセニエフは彼らに救急箱のナイフを与えたことがあった。これは「武器を与え、彼らに反乱をそそ

ナタリア(1938)

アルセニエフ(右)と，銃殺された兄アナトーリー

のかした」と見なされた。公開された尋問記録によると、夫人は容疑を認めず、調書の示す証拠も否定し、「反革命組織のメンバーであった事はなく、証拠は自分を偽ったに過ぎない」と主張した。判決は死刑。全ての所持品も没収。審理は約十分間だったという。控訴の制度はない。銃殺は即座に実行された。遺体の所在は不明だ。夫人の墓はない。

ウクライナで船長をしていた二つ違いの兄アナトーリー・アルセニエフも三八年六月十四日、オデッサで銃殺された。調書によると、自宅から弟ウラジーミルの原稿などを詰めた麻袋が摘発されたという。兄は危険を承知で隠匿を引き受け、弟に殉じた。

アルセニエフとマルガリータ夫人の愛した娘ナタリアは、母が銃殺された時は十八歳だった。翌三九年に逮捕され、審理されたが釈放された。四一年に二十一歳で再び逮捕。理由は「反ソビエト的発言」だ。母の非運を人に語り、怒り嘆いたのだろうか。判決は十年の禁固刑。二十歳代の年月の全てをカザフスタンの収容所で過ごした。出所した後、カフカス、モルダビアなどを転々として屈辱の生活をしたという。強制収容所の風土病ともいうべき結核を患っており、思うままには働けなかった。

ナタリアは五〇年代にハバロフスクに戻る。だが元博物館長の娘を助ける人は現れず、彼女は店員やバスの車掌をして暮らす。そして六〇年代には西方のアムール河岸の都市ブラゴベシチェンスクに移る。彼女はここで書き残した。

「私があのアルセニエフの娘であるとは、ここではだれも知りません。何とありがたいことでしょう」（州博物館「V・K・アルセニエフ」）

七〇年十一月、死亡。ブラゴベシチェンスクには肖像入りの立派な墓がある。

長男も「所払い」に

一九一九年にアルセニエフが最初の妻アンナ・コンスタンチノワと離婚した時、映画では聡明活発な少年として描かれる長男ウラジーミル・ウラジーミロビッチはハバロフスク工業学校の学生だった。一時は反革命側の砲兵隊に招集されたが、後に革命派に加わった。

二〇年、捕虜になり銃殺されかけたが脱走したという。ウラジボストクの工科大学で林業を学び、林業コルホーズの技師をする。マルガリータ夫人が銃殺された翌年の三九年、レニングラード林業大学に派遣されることがいったん決まったが取り消され、ウラジボストクから退去することを命じられる。「アルセニエフの息子は迷惑」という「所払い」だ。

ウラジーミルと三人の子どもたち、母アンナの一家は一時、西シベリアのチェリャビンスクに住んだ後、中部シベリアのアルタイの森林に隠れるように住む。第二次大戦では四十歳を過ぎているのに対戦車部隊に加わり、四三年に負傷、半年間療養し、アルタイの林業地に戻った。五七年、やっと「ウラジボストクからの追放は間違いだった」と認定される。一九六二年、退職して年金生活。

六一年、アルセニエフの最初の妻アンナ死亡。八十二歳。長男ウラジーミルは八七年にチェリアヤビンスクで死亡。八十七歳。離別ゆえに母子は共にまれな長寿をまっとうできた。彼の次男、つまり探検家アルセニエフの孫の一人イーゴリがナホトカに住んでいる。

26歳のウラジーミル

ウラジボストク駅前の坂道を上がった所にあるアルセニエフの家を記念した資料館で解説員のニーナ・イワーノブナさんは長い説明を終えて漏らした。

「アルセニエフの最期は安らかでした。幸せな死だったと思います」

大粛正はソ連共産党の古参指導者たちを吹き飛ばした。妻や兄さえ反ソ活動を理由に銃殺された。極東の一研究者が生きておれば、「日本のスパイ」という汚名と銃殺を免れる可能性は間違いなくゼロだった。

ウラジボストクの中心から自動車で北へ約四十分のタイガの中に十字架がポツンと建っている。ここにはかつて「スターリンの政治犯」の収容所があり、銃殺された人は横穴に埋められた。「歴史を忘れまい」と十字架は建てられた。銅の銘文が埋められていたが、だれかが掘り出して盗み去った。愚行の時代は続いている。「一兵卒どもの時代」は果たして終わったのか。

デルスーの思い出

アルセニエフの長男ウラジーミル・ウラジーミロビッチは退職後にエッセイを書いた。その一つに「デルスー・ウザラーの思い出」という作品がある。次のようだ。

ほんの子供の時の記憶で、生涯ずっと残るものがあるものです。思い出は忘れられてゆき、遠い昔のこととなりますが、今も生き生きしているものがあります。これは、デルスーについての思い出の一つです。

デルスーが死んだ後、彼について父が書く本の口述筆記をしていると、その姿は生きているように私たちの前によみがえってきました。このすばらしい人についての父と母の記憶がそうさせたのでしょう。この人は目に見えないけど、私たちの家にいつもいるようでした。

そのころ父は第二三シベリア狙撃連隊に属し、私たちは官舎に住んでいました。小さな谷間のそばに木造の家が並んで建っていました。谷には小さな川が流れ、兵士たちはそこで下着などを洗ったものです。

谷の向こうには一棟二戸建の将校用住宅がありました。ウスリー河に通じる道がそばを通り、道の両側にはハシバミの樹が茂っていました。窓のすぐ外は広葉樹の森でした。森は鉄道まで続き、さらにその向こうにも広がっていました。森では、春になると泉が湧きだし、きらきら輝きました。

連隊の敷地の真ん中には練兵場があり、毎日訓練をしていました。そばには連隊の売店があり、雑貨や木の実の束などを売っていました。

（ハバロフスクに通じる街道では強盗が出たり、馬が綱を切ってほこりを舞い上げて狂奔するなどの出来事がたびたびあり、どの家も護身用の小銃を常備していた。一家の住まいは映画では都会のイメージだが、実際は周りは田舎だった。西部劇の騎兵隊駐屯地みたいなものだったのだろう）

探検から戻った時、父はデルスー・ウザラーという道案内を連れてきました。この人のことは、前もって手紙でいろいろ知らされていました。私たちの家は谷から二つ目で、部屋は広かった。デルスーには廊下の左側の個室があてがわれました。彼と一緒に大猫のフィチャが寝ていました。部屋には二つの腰掛けがあり、壁には小銃、弾薬盒、そして房つきのさやに納まった二振りの狩猟刀がありました。一振りはまっすぐで一振りは細く、曲がっていました。これは森に住む人が、かんなとして使ったり、さまざまな木工の道具としても使ったりしたものです。カーペットにはタイガの女が描かれていました。床にはヤギの毛皮が敷いてあり、ペーチカのそばにはアナグマの毛皮がありました。デルスーは部屋をきれいに掃除しました。森にいる時と同様にスパルタ的でした。

ふだんデルスーは燃えるペーチカの前のアナグマの毛皮の上に座り、いつもきせるをくわえていました。そして燃えさかる炎や、はぜる薪を見つめていました。ときどきほほ笑みを浮かべました。いったい何を考えていたのでしょう。たぶん、灰に覆われた炎の気まぐれなたわむれの中に、愛するタイガを見ていたのでしょう。また天然痘で死んだ家族や、その時のタイガの民の恐ろしい災難を思い出していたのでしょう。今でこそ、この出来事は恐ろしく聞こえますが、当時の人は何とも思いませんでした。

私が夜、この人のところへ駆けつけ、燃えるペーチカの前に座ると、面白い話を語ってくれました。話には人間だけでなく、動物や鳥やシャマンや彼らの信じる神が登場しました。私は彼の話に親しみ、思うままに神話の世界を知り尽くしました。彼は時々物思いにふけりながら、私の頭をなでてくれました。死んだ家族を思い出していたのでしょうか。

父が入ってきて火のそばに座ると、デルスーは活気づきました。二人は生き生きと話を始め、さまざまな感嘆の声や、時には人を釣り込むような笑いが続きました。一緒に行った探検で体験した楽しい事を思い出している様子がよくわかりました。

デルスーは、ベッドにあぐらをかいた姿勢で肩に皮のジャケットを羽織って座ったままで眠りました。タイガの習慣は家でも同じでした。寝入る時は、例のきせるは口から落ちて転がりました。

ある夜、父は私のためプーシキンの「黄金の魚」の人物像をランプの笠に張り付けました。デルスーは例のようにそばに来て、作業を観察し、あれこれと尋ねました。ソファのそばではポインターのアリパが眠っていました。これは父の探検にいつも同行した犬ですが、ずっと後、みんながタイガで飢えた時、食べられて人間たちの命を救いました。

「こんないやな女をどうしてここにいさせるんだ」とデルスーはつぶやきました。私たちが、桶を持った女を張り終わると「こいつを追っ払え」といまいましそうに言ってつばを吐き、はっと気が付いてふき取りました。探検中に父が語った話は彼の記憶にそっくり残っていました。デルスーは素直に話を本当に受け取り、「やかましい老婆」の振る舞いに怒ったのです。

（一九〇七年の探検の時、隊長は「放してやった魚のおかげで漁師は金持ちになるが、欲張り女房のせいでまた貧乏になる」という民話を隊員に聞かせた。デルスーは「そんな女は捨てて、男は丸木舟でどこかへ行け」と怒った）

（暖かい日にはウラジーミル少年とデルスーはトラ狩りごっこに出かけ、ウスリー河の岸で焚き火をしながら昼食を食べる）

彼は途中で獣や鳥の小さな跡を説明してくれました。動物たちの状態をどう判断するか、何に注意するか、そこで何が起こったかということです。ある日、私は止まっているゴジュウカラに向かって小枝を振り回しました。たちまちデルスーは怒って、やっていることの馬鹿らしさを説明しました。

「そんなことといかん。あれも〝にんげん〟。痛いことわかる。邪魔してはいかん。あいつはちょっとだけ食べる。ちょっとちょっとだけのむ。なんであいつを痛める」

私は自分のやったことが恥ずかしくなりました。

ある時、父の世話をする兵士ブラチョーフがかごを作ってシジュウカラを何羽も入れてくれました。私はうれしくて飛び上がりましたが、デルスーはそれを見て顔をしかめました。「よくない、カピタン。やっていることがわかっていない。これも〝にんげん〟だ。わからんか。これ山にすんでいる。おれと同じ。カゴの中で生きることできん。死なせるのと同じ」

夜、父もデルスーの考えに賛成し「自由な鳥をかごで飼うのはよくないことだよ」と言いました。朝、私たちは鳥を逃がしてやりました。彼らは羽ばたきしてさえずりました。「こいつら『ありがとう』といっている」とデルスーはつぶやいてほほ笑み、私の頭をなでました。私たちはさらに仲よくなりました。私は生涯ずっと鳥をかごで飼ったことはありません。

夜、父が机に向かって何か書いていると、デルスーは横の居心地の悪い毛皮に座り、紙の上を行くペンの動きを追って見て、火のないきせるをカタカタ鳴らしました。父はよく書斎を右に左に歩き、母に口述筆記をさせました。その時、父は手をこすり合わせました。これは何かに満足した時の癖でした。

デルスーは、街にじっとしていることはどうしてもできませんでした。街には、分からないことがいっぱいありました。彼に言わせると野蛮な所でした。「水に金を払え、たき木に金を払え、庭での焚き火もいかん。銃を撃ってはいかん」。やってよいことより、やってはいかんことの方が多かった。完全な自由が当たり前の彼にとって、これは責め苦でした。

「ちょっとの間、タイガに行かせてくれ」と頼みました。何回も言われた父は聞き入れ、しばらくヘフツィル山脈に行くことを認めました。「この人物は私の道案内人で、連隊の中に住んでいる」という署名入りの紙を持たせました。

デルスーとの最後の遠足はウスリー河へ行ったことです。彼は長い間、ヘフツィル山脈を見つめ、何かほほ笑み、きせるを吹かしました。帰り道では考えこんで、何もしゃべりませんでした。

翌日、彼は部屋にいませんでした。彼は朝早く家を出て、汽車でコルフォフスカヤ駅まで行き、そこからタイガに入りました。四、五日、私は落ち着かず、彼の部屋に入ったけれど、何か空しく気がふさぎました。しかし子どもですから、すぐ何もかも忘れました。

デルスーは戻りませんでした。ヘフツィルの前山で殺されました。遺体から名刺が見つかり、私たちに彼の死が知らされました。父はこの時、連隊と遠征していました。埋葬には父の友人でコルフォフスカヤ駅長のジュリだけが立ち合いました。

すばらしい人が無残に死にました。その人生は、徹底した正直さと自然への愛情で築かれていました。自然もまたこの人に答えました。

安らかに眠れ　デルスー。

澄み切った精神

長男ウラジーミルは澄み切った美しい精神の持ち主だった。自分たち母子を別離し、新しい女性と結婚した父に、生涯変わらぬ尊敬を抱き続けた。こういう立場の子が抱く、別れた父への屈折した思いはない。自分たちをアルタイの森に追いやった権力への恨みもない。桎梏を超え、憎しみを超えた安らぎの世界があるだけだ。人は他者を理解し許容することによって自らが輝くことを、この人は知っていた。

それはデルスーによって可能になったことを、この「思い出」は語っている。デルスーがアルセニエフ家に来たのは、一九〇七年のシホテアリン北部探検を終えて、アルセニエフの帰って来た一九〇八年一月七日だ。そして三月二十七日には彼はタイガの土に帰った。老猟師とウラジーミルが暮らしたのはわずか二カ月余りだ。その時の感動が八歳の少年の人生を方向づけ、生涯を通じて彼を導いた。

老猟師は少年に、誠実正直な人間であることの尊さと、鳥や獣や森や川や大地への畏敬を植えつけた。二人とも美しい。

森を愛し森林技師となったウラジーミルは「初めてのウスリータイガ」というエッセイも書いている。一九二三年秋、タイガで泊まり込んだ初仕事で会った人たちの思い出だ。人生の先輩たちが裏切りや背信に耐えて生きてきた過去を淡々と語るのを、若い森林技師は尊敬とともに聴き入る。

——フィリップ・ドミートリエビッチはロシアとモンゴルの国境に育った。養父は牛で一獲千金のもうけを夢見て金を借り、牛や羊の群れを買ってモンゴル側で飼う。これを世話するのがフィリップの役目だ。牛や羊が育ってロシアへ持ち込もうとしたが、国境の税関が通してくれなかった。賄賂が必要だが、その金がなかった。牛は死ぬ。フィリップは牛や羊に石炭酸を振りかけて埋める。養父は酒びたりになり、酔って道で凍死した。

　フィリップに父の借金二百ルーブルの支払い請求が来る。署名は確かに自分のものだ。青年は養父に頼まれて、白紙にサインしたことを思い出す。払えるわけがないから裁判にかけられ、禁固二年の服役の後、放浪してタイガに来た。

　――フョードル・ワシーリエビッチ・ボリソフは自制ときちょうめんさを備えた無口な男だった。眼にはいつも悲しみが漂っていた。「私の人生には何も面白いことはなかった。本を読んで教師になろうとしたが、何もできず、だれも教えてくれなかった」と語った。

　ヨーロッパロシア南部のドンの生まれ。コサック軍団曹長の父は息子を軍人の学校に入れようとしたが、息子は断った。父の脅しにも母の頼みにも決心は変わらなかった。

　二十一歳でドンを出てシベリアをさ迷い、ウスリーに来て、中国人猟師ルーシンから猟を習い、トラを三頭も殺した。四頭目は失敗して追われ、木に登って難を避けた。枝に一日中座っていた後、ぶざまに逃げた。

　それからはルーシンに習って小動物の猟とチョウセンニンジン採りをする。彼は先生よりうまくなる。もうけた金を本に換え、再び読書に熱中する。自分でも書く。ビキンに戻ったフョードルは林業技師ウラジーミルに作品の一つを読ませる。物語中の物語は次のようだ。

ある時、フョードルらが山で休憩していると、ウデへ人たちが助けを求めに来た。強盗団フンフーズが村を荒らし娘二人を連れ去ったと言うのだ。フョードルらは強盗たちを奇襲し、娘を奪い返す。一人は十七歳の美しい娘だった。二人は愛し合い、示し合わせて脱走する。だが四日目、追っ手につかまり娘を奪い取られる。そして彼女は親によって金持ちに売られる。連れられて行く途中、娘は谷に身を投げて死ぬ。

これを書いた人物は生涯家族を持たず、独りで暮らす決心をしていることを、ウラジーミルは知る。

彼は「死後のデルスー」という小説も書いている。アルセニエフの去った後のデルスーの魂の遍歴を想像力とナナイ人の精神世界についての知識に基づき再現したものだ。

――シベリア鉄道の寒村のコルフォフスカヤ駅で降りたデルスーは駅長のジュリに引き止められ一泊した後、ヘフツィル山脈に向かう。途中、採石場を通る時、石割りの労働者にからかわれる。

「チュウコクチン。どこゆくか」

デルスーは誇り高く答える。

「おれ、中国人ではない。ゴリド人だ」

「異教徒か。それじゃカネ持ちだな」

デルスーは取り合わず進む。夜、習慣通り、焚き火にウオッカを振りまいた後、寝入る。

二つの人影が近づく。石割り用のツルハシとカネテコを持っている。石工たちだ。彼らは眠る老人の頭をたたきつぶし、背負袋を探るが大金はない。銃を奪って去る。

デルスーは立ち上がる。「これは困った。鉄砲がない。袋の中の金もない。おれ、どうしてメシ食う」

デルスーはシホテアリンのタイガをゆく。トラが出てくる。デルスーは問いかける。

「おれはお前を撃った。怒っているのか」

トラは答えず、デルスーは彼を無視する。ダージャンシャンの峯にたどり着く。自分が植えたチョウセンニンジンは立派に育っていた。ダウビヘ河、コクシャロフカ、ツィムヘ河、レフウ河と、彼は彷徨する。アルセニエフと初めて出会ったあたりだ。

シャマンが現れ、太鼓をたたいて、先に立ってゆく。父、母、天然痘で死んだはずの妻、娘らが現れた。デルスーは迎えられる。

人の美しさとは

人の美しさとは何であろうか。人が人を感動させる力はどこから出てくるのだろうか。それは、人が人を愛せるかどうかということと、かかわっているだろう。知識や教育とはかかわりのない世界で、それは始まる。

たぶん、亡き家族へのいとおしみの中で、デルスーは人を愛することを知り、さらに世界は愛すべき〝にんげんたち〟に満ちていることを体感し、人を感動させる美しい魂を作った。

少年ウラジーミルの八歳の心は、わずか二カ月の触れ合いで〝にんげんたち〟への愛を知った。別離も迫害も、この心を変えることはできなかった。別離したとしても、アルセニエフは偉大な父だった。ここで思う。ウラジーミルこそは第二のデルスーだったのではないか。

デルスーが最初にわれわれの前に現れた時の、この世界に対するあいさつを思い出す。

「マヤー　リューチ」

「おれ　にんげんたち」だ。「おれたち　にんげん」ではない。

そうだ。世界がいかに混迷しても、私たち一人ひとりが〝にんげんたち〟なのだ。叫んでみようではないか。

「マヤーリューヂ、おれ　にんげんたち」

（完）

著者略歴

一九三五年　京都市生まれ。
二〇〇〇年　朝日新聞社退社。
二〇〇〇年九月～二〇〇一年五月　ハバロフスクの大学で日本語教師を勤めながらロシア語を勉強。
二〇〇一年一〇月　ウラジボストクの大学へ留学。ロシア語を学習しながら、沿海州地方の先住民を研究。
二〇〇二年五月　体調を崩し帰国、入院。
二〇〇二年七月　死亡。

二〇〇二年三月下旬、ミハイロフカ村での著者・岡本武司

あとがき

著者の岡本武司は二〇〇二年七月十二日、急逝した。「遺書」ともいうべき、四百字詰め原稿用紙二百五十四枚の手書きの「デルスーはどこだ」の原稿を残して。

ロシア語習得と沿海地方の先住民族の研究をしていた留学先のウラジボストクで体調が悪くなり、同年五月末、治療のために自宅のある愛知県常滑市に一時帰国して、わずか一ヵ月半足らず。急性のがんだった。

四十日間の入院・闘病の間にも、鳥居竜蔵の著作などにあたり、加筆・推敲した。体力が衰え、ペンも持てなくなると、夫人に口述筆記をしてもらった。だがそれも力尽き、燃え尽きた。

岡本はかつての職場・朝日新聞社で一緒に働いた同僚に「切なるお願い」と、完成させた原稿の出版を引き受けて欲しいとの「遺言」をしていた。この遺志を実現させるため、五人が編集委員となった。

岡本のロシア留学と執筆の動機、書きたかったテーマは、本書の「はじめに」で、簡潔明快に語られている。アルセニエフの著書『ウスリー紀行』と『デルスー・ウザラー』をはじめ、岡本が集め、参考にし、引用したロシア語の資料は、すべて自ら翻訳している。また本書に掲載したアルセニエフ、デルスー関係の写真は、すでにきちんと掲載許可を得ていた。まことに用意周到である。

ただ、編集委員の頭から終始去らなかったのは、岡本が生きていたならば、もっと完成度の高い本ができたとの思いだ。同時に、「人間と自然の秩序が失われた時代」（著者）にこそ、多くの人たちに読んでいただきたいと思う。

最後にナナイ語、ロシア語の校訂をしていただいた市崎謙作さん、出版を快く引き受けてくださったナカニシヤ出版の中西健夫社長、林達三さんに心からお礼を申しあげます。

（編集委員会）

二〇〇四年四月

おれ　にんげんたち——デルスー・ウザーラーはどこに

二〇〇四年七月二五日発行

著　者　岡本　武司

発行者　中西　健夫

発行所　ナカニシヤ出版
〒六〇六-八三一六／京都市左京区吉田二本松町二
電話　〇七五—七五一—一二一一
FAX〇七五—七五一—二六六五
振替口座〇一〇三〇—〇—一三一二八

印　刷　ファインワークス

製　本　兼文堂

装　幀　久保田　晃

ISBN4-88848-897-5 C0095